Hans Lange

Eine steierische Stadt im 17. Jahrhunderte

Europäischer Geschichtsverlag

Hans Lange

Eine steierische Stadt im 17. Jahrhunderte

1. Auflage | ISBN: 978-3-73400-662-3

Erscheinungsort: Paderborn, Deutschland

Erscheinungsjahr: 2015

Europäischer Geschichtsverlag ist ein Imprint der Salzwasser Verlag GmbH, Paderborn.

Nachdruck des Originals von 1890.

Hans Lange

Eine steierische Stadt im 17. Jahrhunderte

e g v

Eine steierische Stadt

im 17. Jahrhunderte.

Von

Hans Lange.

Graz 1890.

Im Selbstverlage des Verfassers.

Druckerei „Leykam" Graz.

Vorrede.

Im Osten der Mittelsteiermark, in „vergessener Lande", hart an der Grenze Ungarns, liegt an der Feistritz die landesfürstliche Stadt Fürstenfeld, ein uralter, ehemals befestigter Ort, der schon vor dem glorreichen Babenberger Leopold VI. Stadtrechte genoß.

An dem Vereinigungspunkte der breiten und fruchtbaren Thäler der Feistritz und Lafnitz erbaut, galt Fürstenfeld nicht nur im Mittelalter, sondern noch im 17. Jahrhunderte als eine wichtige Grenzfeste, zu deren Erhaltung die steirische Landschaft ansehnliche Geldsummen anwies. An ihren Mauern vorüber stürmten die blut- und beutegierigen Scharen der osmanischen Türken ins Land und sie trotzte mehrmals ungarischen Angriffen; aber feindliche Uebermacht brachte die Stadt zu Fall und viele ihrer Bürger endeten ihr Leben im fernen Osten als Sklaven ihrer Bezwinger.

Das letzte Mal ward Fürstenfeld durch rohe Feindeshand nahezu vernichtet, als 1605 Bocskay es eroberte und bis auf wenige Häuser niederbrannte. Dabei ging auch das alte Stadtarchiv zugrunde, so daß nur wenige, die Zeit vor 1605 betreffende Urkunden, vorhanden sind. Dagegen enthält das neue Stadtarchiv reichliches Material aus dem 17. Jahrhunderte, bestehend in Rathsprotokollen, Berichten, Inventarien, Rechnungen u. dgl., die heute sorgfältig verwahrt werden.

Nebst Benützung des Landesarchives schöpfte ich aus diesem reichen Schatze den Inhalt dieses Buches; denn nur durch das Vorhandensein so trefflichen Materiales im Originale war es mir möglich zu schildern, wie es in dieser Stadt im 17. Jahrhunderte zuging.

Und wie es damals in Fürstenfeld gebräuchlich war, war es gewiß, mit geringem örtlichen Unterschiede, auch in den anderen Städten und Märkten der Mittelsteiermark üblich.

So lade ich denn ein, mir in eine vergessene Zeit zu folgen, um zu vernehmen von Freud und Leid der Vorfahren, von ihrer Sitte und Art, ihrem Handel und Wandel und ihrer Tracht, wie sie zu Gericht saßen, wie sie wohnten, wie sie wählten und wie sie sich wehrten.

Graz, im December 1889.

Der Verfasser.

1. Capitel.
Die Aufnahme eines Bürgers.

An der Spitze der Gemeinde stand Richter und Rath, letzterer auch „Ring", Magistrat genannt. Die Zahl der Rathsherren, die auch den Titel Rathsbürger, Rathsfreunde oder Rathsmittel führten, betrug zwölf; doch war diese Zahl selten voll. Gemeinführer oder Herren des äußeren Rathes, im Gegensatze zu den Rathsherren, welche den innern Rath bildeten, gab es immer vier. Ferner bestand noch ein Bürgerausschuß von acht bis zehn Bürgern, welcher nur die wirthschaftlichen Interessen der Stadtgemeinde berieth. Die Beschlüsse dieses Ausschusses oder die der ganzen Bürgerschaft brachten die Gemeinführer im Rathe vor und sie waren auch verpflichtet, dieselben voll zu vertreten.

Die Aufnahme einer Person zum Bürger geschah in der Regel dann, wenn am Rathhause eine angesagte Bürgerversammlung stattfand; dies war jährlich der Fall: am 2. Jänner, zu Georgi und am Luciatage (13. December).[1] Am letztgenannten Tage wurde der Stadt-

---

[1] Im 18. Jahrhunderte auch zu Leonhardi.

richter gewählt, wozu mitunter auch der Stadthauptmann erschien.[1]

Zur Bürgerversammlung mußten alle Bürger in ehrbarer Tracht, im schwarzen Mantel, doch ohne Stock, erscheinen. In derselben verlas zuerst der Stadtschreiber das Bürgerregister; die Namen der ohne Grund oder ohne genügende Entschuldigung ausgebliebenen Bürger wurden im Rathsprotokolle verzeichnet und es erhielten diese eine Geldstrafe, welche man sehr selten einhob.

Nach Verlesung der Bürgerliste wurden jene Personen vorgerufen, welche Bürger werden wollten. Die Aufnahmsbedingungen hiezu waren: 1. Vorweisung des Geburtsbriefes[2] und der Entlassungs-Urkunde aus dem Unterthanen-Verhältnisse der betreffenden Herrschaft oder Obrigkeit. 2. Besitz eines bürgerlichen Hauses. 3. Betrieb eines Gewerbes. 4. Verheiratung.

Fürstenfelder Bürgerssöhne wurden Bürger, wenn sie vogtbar und verheiratet waren, ein bürgerliches Haus oder ein Gewerbe besaßen.[3]

Jene Bewerber, welche den angeführten Bedingungen theilweise, also nicht ganz entsprachen, wurden nur zum Gelübde gelassen, d. h. sie gelobten dem Stadtrichter, indem sie mit der rechten Hand den Gerichtsstab berührten,

---

[1] Derselbe wurde vom Monarchen ernannt und war in politischen Angelegenheiten der Vorgesetzte des Rathes; seit der zweiten Hälfte des 17. Jahrhunderts blieb diese Stelle hier unbesetzt.

[2] Geburtsbriefe durften nur von den Pfarrern und nicht von den Obrigkeiten ausgestellt werden, 1677; von dieser Vorschrift wurde vielfach abgewichen.

[3] Unverheiratete Bürger werden nicht zum Schwur gelassen, 1626.

Gehorsam auf die Dauer ihrer Anwesenheit in der Stadt. Solche „angelübte" Bürger mußten entweder binnen sechs Wochen und drei Tagen oder binnen einem viertel oder einem halben Jahre ihren Geburtsbrief vorbringen, sich binnen Jahresfrist häuslich niederlassen und heiraten; bis dahin erlegten sie eine Caution von 25 Gulden (auch bis zu 200 Gulden), welche zu Gunsten der Stadt= casse verfiel, wenn der Betreffende innerhalb der festge= setzten Frist den gegebenen Bedingungen nicht nachkam.

Der Rathschlag bei Aufnahme eines Bürgers lau= tete: Weil der vorgelegte Geburtsbrief mit schöner Ord= nung aufgerichtet und für gut erkennt worden, also ist sein Begehren billig geachtet und er zum Schwur gelassen worden, 1623. Bei Ablegung des Bürgereides mußte der Aufgenommene den Gerichtsstab küssen.

Der Bürgereid lautete: Ich N. schwöre, daß ich Ihrer Majestät (folgt der Name des Regenten) unserm gnädigsten Herrn und Landesfürsten, einem ehrsamen Magistrat, Richter und Rath, auch ganzer ehrsamen Bürgerschaft dieser fürstlichen Stadt Fürstenfeld treu, gehorsam sein, gemeiner Stadt Freiheit helfe vertheidigen, schützen und schirmen und ohne Vorwissen und Willen eines Richters und Rathes und ganzer gemeiner Bür= gerschaft keinen davon etwas offenbaren, sondern dieselben wider männiglich helfen defendiren und schützen und auch allerdings verschwiegen halten, und so oft ich von einem ehrsamen Richter oder Rath erfordert, jederzeit demselben gehorsamen und dessen Befehl nachkommen. Dann alle Versammlungen und unkatholische Oerter, die wider Ihrer (Durchlaucht, Majestät) „foberst" (?)

und einen ehrsamen Magistrat und ganze Bürgerschaft sind, meiden und fliehen, und alles das, was einem ehrlichen Bürgersmann wohl anstehet, leisten und gehorsam sein, so wahr mir Gott helfe und das heilige Evangelium, 1618.

Der nun aufgenommene Bürger mußte eine Aufnahmsgebür, Bürgerrecht genannt, erlegen; dieselbe betrug für Söhne einheimischer Bürger zwei Gulden und Lieferung einer Ueberwehr (Hellebarte) auf das Rathhaus, 1636; später mußte statt der Ueberwehr ein Feuereimer gegeben werden. Das Bürgerrechtgeld wurde überhaupt zur Instandhaltung der städtischen Feuerlösch-Requisiten verwendet, die freilich nur in Feuereimern, Feuerleitern und Feuerhaken bestanden, 1676.

Das Bürgerrechtgeld wurde in der zweiten Hälfte des 17. Jahrhunderts auf vier Gulden erhöht.[1]

Für Fremde hing die Höhe der Aufnahmsgebür von dem Beschlusse des Rathes ab; im Jahre 1676 ward dieselbe mit sieben Gulden festgesetzt. Auch in anderer Weise als in Geld konnte das Bürgerrecht erlegt werden. 1658 liefert ein Drechsler statt des Bürgerrechtes ein Tintenzeug in die Stadtkanzlei. Ein Ungar mußte statt desselben zwei Rehe und zwei Rebhühner geben, weil der Magistrat dieses Wild zu einer Spende nach Graz benöthigte.

---

[1] In der zweiten Hälfte des 18. Jahrhundertes betrug dasselbe zwei Gulden dreißig Kreuzer. Im Jahre 1702 bittet die ganze Bürgerschaft, „maßen ein großes Bürgerrecht einkommt", der Magistrat wolle ihr einen halben Startin Wein vergünstigen. Fiat, aber von keiner Consequenz.

Bewerber um das Bürgerrecht, welche sich keines guten Rufes erfreuten oder welche keinen Geburtsbrief aufbringen konnten, wurden mit ihrem Begehren abgewiesen.[1]

Nur ein Bürger durfte in der Stadt ein Gewerbe oder einen Handel treiben; allen anderen war es keineswegs gestattet und man beobachtete dies stets streng. Jeder Besitzer eines bürgerlichen Hauses mußte in der Stadt wohnen und nicht in einem Stadel außerhalb der Stadtmauern, widrigenfalls man ihm dieses wegreißt, 1619, weil jeder Bürger sein Bürgerrecht nur auf einem bürgerlichen Hause ausüben kann.[2]

Des Bürgerrechtes verlustig wurde jeder: 1. der ein Verbrechen begieng, 2. sich beharrlich gegen Richter und Rath ungehorsam benahm, 3. der derart verarmte, daß er der Gemeinde zur Last fiel[3] und 4. der sich freiwillig des Bürgerrechtes begab. Im letzten Falle mußte derselbe, wenn er ein Fremder war, ein Abfreigeld von zwei Gulden in die Stadtcasse erlegen, worauf ihm ein Abschied ertheilt wurde.

---

[1] Ein Bürgerssohn verlangt 1677 zu einem Bürger aufgenommen zu werden. Rathschlag: Wenn der Supplicant vorhero seine bübischen Sitten ablegen und sich ehrbarer verhalten wird.

[2] Diese Maßregel bestand auch noch im Jahre 1769.

[3] Die Bürger, so sich unterhalten lassen, d. h. auf die Barmherzigkeit ihrer Mitmenschen angewiesen sind, sollen vorher ihr Bürgerrecht aufkünden, sich sodann unterhalten lassen, wo sie wollen, daran soll der Stadtrichter festhalten, 1623.

Beispiele: Bürger Lorenz Magg begehrt, weil er sonst sich allhier nicht zu ernähren getraue und solches in seinem Schwure ausgenommen, man wolle erlauben, daß er sich ohne Aushebung des Bürgerrechtes könnte unterhalten lassen. Rathschlag: Das Begehren wird abgewiesen, 1623. Bürger Untersperger verlangt „seiner Persons Unterhaltung". Rathschlag: Wird gar nicht eingewilligt; weil er aber noch kein geschworener Bürger, daher er sein Votum nicht bricht, also soll ihm auch dieses Orts sein Heil zu suchen nichts heimgestellt sein, 1623.

Wenn durch einen Bürger ein Nachtheil der Stadt erwuchs, so kündete man ihm das Bürgerrecht.[1] Gegen Bürgerswitwen, welche schlecht wirthschafteten, wodurch zu besorgen war, daß man sie unterhalten mußte, ging der Magistrat beizeiten strenge vor.[2]

Dagegen konnte kein Bürger auf eine bestimmte Zeit „beurlaubt" werden, wenn er sich in Herrendienste begab.[3]

Im Falle ein einheimischer Bürger für immer von hier fortzog, so ließ er sich vom Rathe einen Geburts=brief ausstellen. Derselbe war eigentlich ein Heimatschein und enthielt hauptsächlich, daß der N. ein Bürger oder ein Bürgerkind sei und in keinem Unterthänigkeits=Verhältnisse zu einer Herrschaft stehe. Für die Ausfertigung eines Geburtsbriefes wurde vom hiesigen Magistrate entweder der Betrag von 6 Gulden oder eine Mahlzeit für die Rathsherrn gefordert; nebstdem gebürte dem Stadt=schreiber die Schreibtaxe.

---

[1] Der Fleischhacker Jonas Gmeindl handle alleweil herum, dabei nehme seine Wirthschaft immer mehr ab; weil dadurch zu besorgen ist, daß derselbe mit Schulden in Ungarn ansitzen wird, wodurch hernach andere Bürger strapezirt und herumgezogen werden möchten (siehe Capitel 14), maßen ohnedies schon viele Klagen gegen ihn vorgekommen sind, also wäre besser, daß man ihm sein Bürgerrecht abkünden thäte. Rathschlag: Diesem besorgenden Unheil vorzukommen, sei gar weislich, daß man ihm es alsobald per decretum abkünden soll, 1693.

[2] Eine Bürgerswitwe haust übel. Rathschlag: Der Stadtrichter soll ihr solches vorhalten und ihr ernstlich auftragen, daß sie unnothwendige Reisen und Gesellschaften bleiben lassen solle, 1679.

[3] Zwei Bürger bitten, sie ihrer bürgerlichen Pflicht auf eine Zeitlang zu entlassen, weil sie Soldaten werden wollten. Rathschlag: Fiat, 1620.

Auch in anderer Weise, als wie in der angegebenen, konnte das Geburtsbriefgeld entrichtet werden. So z. B. hat 1658 der hiesige Maler wegen Ausfertigung des Geburtsbriefes das Bildnis des Kaisers zu präsentiren versprochen.

Die Söhne eines Stadtrichters bekamen den Geburts= brief unentgeltlich, doch unbeschadet des Stadtschreibers Taxe, 1637.

2. Capitel.
Die Wahl des Stadtrichters und des Rathes.

Jährlich am St. Luciatage, 13. December, wurde von der ganzen Bürgerschaft die Wahl des Stadtrichters in folgender Weise vorgenommen: Nach der Aufnahme neuer Bürger stand der alte Stadtrichter auf und erinnerte mit schlichten Worten die Bürgerschaft, daß er von ihr im Vorjahre zum Stadtrichter erwählt ward, weshalb er heute sein Richteramt, altem Gebrauch nach, zurücklegt. Er forderte nun jeden zum ersten, zum anderten und zum dritten Male auf, hervorzutreteten, dem er in seinem Gerichtsjahre „zu viel oder zu wenig" gethan habe, im widrigen er später weder Red noch Antwort gibt. Meldete sich jemand mit einer „Beschwär", so wurde dieselbe, wenn es angieng, gleich in Verhandlung gezogen, oder es wurde hierzu eine Tagsatzung bestimmt.

Gewöhnlich meldete der älteste Gemeinführer, der Sprecher der Gemein: Sie wissen über „ihme Herrn Stattrichter nur liabs und guats", bedanken sich für seine gehabte Bemühung und bitten ihn, er wolle sich auch im nächsten Jahre wieder als ihren Vorgeher gebrauchen lassen. Letzteres lehnte der Stadtrichter gewöhnlich mit vielem Danke ab, bis der gesammte Rath zum ersten, zum anderten und zum dritten Male die Bitte der Bürgerschaft wiederholte, worauf sich der Stadtrichter entschloß, wenn er nicht schon zwei Jahre hintereinander diese höchste Ehrenstelle der Stadt inne hatte, sich auch im nächsten Jahre wieder als solcher gebrauchen zu lassen; in diesem Falle entfiel dann eine eigentliche Stadtrichterwahl.

Dieses wiederholte bittliche Auffordern zur Annahme der Wiederwahl nannte man die Ehrung des Stadtrichters. Sie unterblieb höchst selten und nur dann, wenn der abtretende Stadtrichter sich entweder des Vertrauens unwürdig gezeigt oder sich bei der Bürgerschaft recht unbeliebt gemacht hatte.

Gewöhnlich wurde ein Stadtrichter nur zwei oder drei Jahre nacheinander wiedergewählt.[1]

Nahm der scheidende Stadtrichter eine Wiederwahl nicht an oder es wurde ihm die Ehrung nicht angethan, so schritt man zur Neuwahl. Die Bürger traten ab, d. h. sie verließen die Rathsstube und hielten eine Wahlbesprechung.[2] Darauf wurde jeder Bürger in die Raths-

---

[1] Nach altem Brauch fungirt ein Stadtrichter nie länger als zwei Jahre nacheinander, 1632; erst in der zweiten Hälfte des 17. Jahrhunderts wurde davon abgegangen, doch wird observirt, daß ein Richter ohne Haupturſache mit einem Jahre niemals entlassen wird, 1696.

[2] Vor der Stadtrichterwahl wurde auch fleißig agitirt; man ging von Haus zu Haus, um für den Candidaten Stimmung zu machen, 1667.

stube gerufen, wo er mündlich wählte. Wahlfähig war nur ein Rathsherr. Der Stadtschreiber machte im Rathsprotokolle so viel wagrechte Striche, als Rathsbürger waren, wozu er die Namen derselben schrieb. Bei jedesmaliger Abgabe einer Stimme machte er bei dem betreffenden Striche ein Strichlein. Z. B.

Herr A. ———————————————— 2 Stimmen.
Herr B. ———————————————— 67 Stimmen.
              u. s. w.
Herr C. ———————————————— 1 Stimme.
Herr D. ————————————————
Herr E. ———————————————— 7 Stimmen.

u. s. f.

Einfache Mehrheit der Stimmen entschied. Der Stadtschreiber schrieb nun das Wahlergebniß in's Protokoll: „Den 13. Decembris anno 16.. ist N. N. zu einem Stadtrichter elegirt worden, dem Gott der Allmächtige Gesundheit und glückliche Administration wolle verleihen." Der neugewählte Stadtrichter trat sein Amt erst mit Neujahr des folgenden Jahres an, nachdem er sich während dieser Zeit persönlich bei der J. Oe. Regierung[1] in Graz den Bann- und Achtbrief holte.[2]

Diese Bestätigung von der Regierung erfolgte nur dann, wenn er 1. vom Magistrate der Stadt ein Präsentationsschreiben erhielt, welches sagte, daß er zu einem Richter gewählt wurde und daß er dazu würdig und fähig sei, 2. einen Beichtzettel vorwies und 3. alle

---

[1] Heißt Inner-Oesterreichische Regierung.
[2] Jeder Stadtrichter durfte als Zehrung beim Abholen von Bann und Acht 10 Gulden anrechnen.

Rechnungen über die von ihm bisher verwalteten öffentlichen Aemter gelegt hatte.

Ein solcher Bann- und Achtbrief lautete:

„Wir N. die von (Titel des Monarchen) allergnädigste angeordnete, Inner-Oesterreichische Regierung bekennen hiermit, daß wir den edelvesten, auch fürsichtigen N. N. Bürgern in der landesfürstlichen Stadt Fürstenfeld, zum Richter aufgenommen, ihme auch Bann und Acht auf das Jahr . . . . . verliehen, wissentlich mit diesem Brief also: daß er daselbst in der Stadt Fürstenfeld über das Blut zu richten haben, dabei aber dem Armen als den Reichen, und dem Reichen als dem Armen ein gleiches Recht ergehen lassen und darinnen weder Müh, Freundschaft oder Feindschaft noch iechters anderes ansehen wolle; massen uns er dann auch solches gelobt und geschworen hat; Ohngefährlich: Mit Urkhundt dieses Briefs. Geben in der landesfürstlichen Hauptstadt Graz den . . . ."[1]

Die Wahl neuer Rathsherren geschah nicht von der Bürgerschaft, sondern entweder durch den Stadtrichter oder durch den gesammten Rath; es wurde dieselbe gewöhnlich am 2. Jänner vorgenommen, an welchem Tage sich der neue Stadtrichter der am Rathhause versammelten Bürgerschaft vorstellte.

Der Stadtrichter besaß das Recht, bei Abgang mehrerer Rathsherren eine Rathsstelle aus eigener Machtvollkommenheit zu besetzen; die anderen Rathsstellen,

---

[1] Der Text dieses angeführten Bannbriefes stammt jedoch aus dem 18. Jahrhunderte.

oder wenn nur eine abgängig war, besetzte der Rath über Vorschlag des Stadtrichters durch die Wahl, wobei ebenfalls einfache Stimmenmehrzahl entschied.[1]

Die Rathswürde verblieb einem Bürger lebenslänglich, denn dies ist ein „ewiger Rath", heißt es in den Rathsprotokollen.[2]

Wenn bei der Rathsherrnwahl ein Rathsbürger durch Krankheit nicht zur Sitzung erscheinen konnte, so mußte er dennoch sein Votum abgeben; es begaben sich in einem solchen Falle zwei Rathsherrn in die Wohnung des Erkrankten und holten seine Stimme ab, 1642. In den Rath konnten auch Brüder gewählt werden, weil es an anderen unterschiedlichen Orten auch so practicirt wird, heißt es 1645.

Der neugewählte Rathsherr wurde von den zwei jüngsten Rathsbürgern in die Rathsstube, „in die Session", eingeführt, wo er zuerst vom Stadtrichter eine Instruction über sein Verhalten erhielt[3] und dann folgenden Eid leistete:

---

[1] Der Stadtrichter schlägt mehrere Bürger zu Rathsherren vor, weil sie „feine Subjecte" sind, 1632.

[2] In der 1. Sitzung eines jeden Jahres resignirten die Rathsbürger ihre Stellen, was aber nur eine Formalität war, „weillen dies ein ewiger Rath vnd die Auffkündung allein honoris causa beschicht", 1636.

[3] Dem neugewählten Rathsherrn Lorenz Rohrer sagte 1686 der Stadtrichter: er ist nun Rathsherr, doch mit der ernstlichen Ermahnung, daß er seiner Frau aus dem Rathe oder andere Geheimnisse nichts vertrauen soll, — und zu dem gleichfalls neugewählten Rathsherrn Johann Georg Delmor von Lilienfeld und Schöngrund: Er ist zu einem Rathsfreund erwählt worden mit dem Geding, daß er sich ehestens verheiratet (er war Witwer) und nicht so liederlich halten, auch gegen eine und andere Personen mehr Respect tragen solle.

Ich N. schwöre, daß ich (folgt Name und Titel des Monarchen) auch einen ehrsamen Magistrat, Richter und Rath dieser Stadt Fürstenfeld treu, gehorsam und gewärtig sei, und gemeiner Stadt Freiheit nicht allein helfen handhaben und vertheidigen, auch ohne Vorwissen bemelt eines ehrsamen Magistrates niemands davon etwas offenbaren oder dero Geheimnis aussagen, sondern wider männiglich dieselben vertheidigen, schützen und allerdings verschwiegen und im geheimen behalten, und Reichen als den Armen, Armen sowohl als den Reichen Urtheil und Recht ergehen lassen, sowohl auch alle Versammlungen und unkatholische Kirchen, so wider Ihrer (folgt der Titel des Regenten) und einen ehrsamen Rath sein, meiden, dann alles, was einen ehrliebenden Mann ansteht und gebürt, leisten und gehorsam sein, so wahr mir Gott helfe und das hl. Evangelium.

Denselben Schwur leistete auch jeder Gemeinführer.

Zu Rathsherren wurden oft recht junge Bürger gewählt; so war im Jahre 1675 ein Rathsbürger 29 Jahre alt.

Das Ausschwätzen der Beschlüsse des Rathes war bei Strafe von 10 Reichsthalern verboten, 1689; doch scheinen die Rathsfreunde nicht immer das Amtsgeheimnis gewahrt zu haben, weil sich in den Rathsprotocollen die Klagen über das Ausreden aus dem Rathe sehr oft wiederholen.[1]

---

[1] Zwei Rathsherren plauschten aus, was im Rathe vorgieng; es wurde ihnen angedroht, daß sie an ihren Gütern gestraft und der Stadt verwiesen werden, 1680.

Die Rathsherren bekleideten verschiedene Stadt=
ämter; wurde ein Rathsbürger nach Verlauf eines Jahres
zu einem solchen Amte nicht wieder „erküst", so war
dies als ein von der Bürgerschaft ertheiltes Mißtrauens=
votum anzusehen; dieser Rathsherr konnte auch den
Grund hiezu verlangen, 1666. Am Frohnleichnamstage
trugen Rathsherren den Himmel, worauf sie in der hier
bestehenden Johanniter=Ritter=Ordens=Commende zur
Tafel geladen wurden.

Der Rathsherrnwürde dauernd verlustig konnte
nur jener werden, der sich entweder 1. eines Verbrechens
schuldig machte, 2. in Herrendienste trat[1] oder 3. sein
Haus verkaufte und von der Stadt zog.

Provisorisch konnte jeder Rathsherr auf eine be=
stimmte oder unbestimmte Zeit entweder durch Raths=
beschluß oder auf Befehl der J.Oe.=Regierung von seiner
Stelle entsetzt werden, solange die Ursache seiner Ent=
hebung nicht behoben war.[2]

Beispiele: Ein Rathsherr nahm 1619 am Kirchtag
ohne Erlaubnis des Besitzers einen Laden zu seinem
(Seiler) Stand; er wurde von seiner Rathsstelle für
solange entsetzt, bis er sich deshalb mit dem ganzen
Rathe verglichen hatte. Ein seiner Rathsstelle für ver=
lustig erklärter Bürger bittet den Rath, ihn seiner Raths=
stelle „wiederum beiwohnen zu lassen, es ihm umb Gottes=

---

[1] 1635 übernahm ein Rathsherr die Vertretung eines
Adeligen; dies verbot der Magistrat, weil er seine Rathsfreunde
selbst benöthigt und droht mit Entsetzung. Mehrere Rathsbürger
traten als Pfleger in die Dienste des Adels.
[2] Er wird „seiner Er vnd Rathsstöll, bis er hierzu begert
wirdt", entsetzt, 1631.

willen in gnaden zu bewilligen. Decisio: Fiat", 1631. Ein Rathsbürger nannte 1642 alle Rathsherrn Diebe; als er deshalb nicht Abbitte leistete, nannte ihn der Magistrat schriftlich einen Ehrabschneider, Verläumder und Calumniaten, er solle seine ausgegossenen Injurien wieder in seinen Busen schreiben. Er wurde vom Magistrate seiner Stelle entsetzt, sollte binnen sechs Wochen und drei Tagen sein Haus verkaufen und sich davon machen. Im Jahre 1683 wurde von der J.Oe.-Regierung ein Rathsherr wegen Widersetzlichkeit gegen den Stadtrichter und wegen verbotener Getreideausfuhr während des Krieges zu drei Tagen Arrest und vier monatlicher Suspendirung von seiner Rathsstelle bestraft; den Arrest saß er im Grazer Rathhause ab.

Der Stadtrichter konnte nur von der Regierung abgesetzt werden.

Von seiner Rathsstelle auf ein Jahr beurlaubt zu werden, geschah über eigenes Ansuchen durch Magistratsbeschluß.

Die vier Gemeinführer und der Bürgerausschuß wurden jährlich am 2. Jänner gewählt, demnach währte die Functionsdauer derselben nur ein Jahr.

Diese Wahl geschah von der ganzen Bürgerschaft mündlich, wobei auch einfache Stimmenmehrheit galt. Die Gemeinführer schwuren, wie bereits bemerkt, den gleichen Eid der Rathsherren, weil sie an allen Rathssitzungen theilnahmen, weshalb sie auch Herren des äußern Raths hießen. Die Mitglieder des Bürgerausschusses legten keinen Eid als solche ab.

Als ältester Gemeinführer galt jener, welcher bei der Wahl die meisten Stimmen erhielt und im Vor=

jahre schon Gemeinführer war, nach Gebrauch von alters
her, 1666.

Wenn die Bürgerschaft zu Führern oder Ausschuß-
mitgliedern nicht geeignete Männer wählte, so besaß
der Stadtrichter das Recht, diese Wahl umzustoßen und
hiezu geeignete zu berufen, 1633.

Es fungirten auch noch von der Bürgerschaft ge-
wählte Viertelmeister, welche das Ausrufen der Stunden
durch die Nachtwächter überwachten und die Regierungs-
Patente der Bürgerschaft kundgaben. Für die Publi-
cirung eines jeden Patentes bekam ein Viertelmeister
15 Kreuzer aus der Stadtcasse, 1693.

3. Capitel.
Der Magistrat als Verwaltungs- und politische Behörde.

Am 1. Jänner eines jeden Jahres trat der neugewählte Stadtrichter sein verantwortungsvolles Amt an; am 2. Jänner stellte er sich am Rathhause der versammelten Bürgerschaft vor, indem der ihm verliehene Bannbrief vorgelesen wurde und der Richter allen Anwesenden ein glückliches, freudenreiches Neujahr wünschte.

Bei der Uebergabe des Gerichts wurde der neue Stadtrichter von allen Rathsherren von seinem Hause abgeholt und in die Kirche begleitet; nach dem Gottesdienste wurde er auf das Rathhaus geführt, wo ihm der alte Stadtrichter die stadt- und landgerichtlichen Insignien übergab, nämlich das Schwert, den Gerichtsstab und die Schlüssel zur Siegeltruhe. Darauf fand auf Stadtkosten eine Mahlzeit statt. 1618.[1]

Der Stadtrichter führte bei allen Raths- und Bürgerversammlungen den Vorsitz. Sein Stellvertreter

---

[1] Bei einer solchen Mahlzeit schenkte einmal der alte Stadtrichter dem neuen eine silberne Kanne, woraus von den Geladenen ein „Rundtrank" gemacht ward zum Beweise dieser Schenkung.

war jener Rathsherr, welcher vor dem gegenwärtigen Stadtrichter dieses Ehrenamt bekleidete, dieser war der Senior des Rathes. Wenn er den Stadtrichter amtlich vertrat, hieß er „angesetzter Stadtrichter". War der Stadtrichter in einer Rechts= oder Straffache selbst Kläger oder Angeklagter, so fungirte entweder der an= gesetzte Stadtrichter oder ein für den speciellen Fall vom Rathe erwählter Rathsherr als unparteiischer Richter.

Der Stadtrichter war der Vertreter des Rathes und der Stadt nach außen; bei ihm mußten zuerst alle Bitten, Beschwerden und Klagen vorgebracht werden. Er führte die Beschlüsse des Magistrates aus, wies alle auszuzahlenden Geldbeträge an. Er war in jenen min= deren Streitsachen, die nicht eines Rathsbeschlusses be= durften, der alleinige Richter.

Er war für gute Ordnung und Sitte[1] in der Stadt verantwortlich; er mußte für die Sicherheit der Stadt besorgt sein; ihm wurden jeden Abend die Schlüssel der Stadtthore in die Wohnung gebracht.

Die Sitzungen des Rathes waren nie öffentlich und wurden nach Bedarf abgehalten; jene Sitzungen, welche der Rath als Stadtgericht hielt, hießen Gerichtssitzungen, jene, in welchen er als Landgericht Recht sprach, hießen Sitzungen im Landgericht. Doch wurden fast in jeder Sitzung Gegenstände verhandelt, wo der Rath als Stadt= obrigkeit, als Stadtgericht oder auch als Landgericht entschied.

---

[1] Im Jahre 1618 ermahnte er die Bürgerschaft, sich des „übrigen Saufens bei der Nacht und über die Zeit" zu ent= halten und wird es der Betretene mit „höchster Ungnad" büßen müssen.

Ein Rathsbeschluß geschah durch Stimmenmehrheit.[1]

Die Sitzungen begannen Sommer und Winter um 7 Uhr Früh, erst gegen Ende des 17. Jahrhundertes um 8 Uhr Früh; sie wurden zumeist im Rathhause, mitunter auch in der Wohnung des Stadtrichters oder eines Rathsbürgers abgehalten.[2] Sobald der Rath zur Sitzung zusammentrat, wurde das Rathhausglöcklein einmal, wenn sich aber die Bürgerschaft versammelte, dreimal geläutet.

Die Sitzungen berief der Stadtrichter ein; er war verpflichtet, sowohl den Rath als auch die Bürgerschaft einzuberufen, wenn dies mit Angabe des Grundes verlangt ward.

Im Jahre 1632 wurde ein Buch errichtet, worin man alle Rathsherren, die ohne Entschuldigung von einer angesagten Sitzung ausblieben, eintrug; für ein jedesmaliges Ausbleiben mußte 15 Kreuzer Strafe gezahlt werden.[3]

Eine magistratliche Entscheidung führte den Namen „Rathschlag", „Decisio oder Fiat"; in Landgerichtssachen „Urtheil". Magistratliche Urkunden wurden in der Kanzlei unter des Rathes großem oder kleinem Insiegel gefertigt mit der Beisetzung: „N. Richter und Rath."

---

[1] Weil je und allezeit observiret worden, daß die Mehrheit von Stimmen gegolten, eine Stimme aber nie in „Obacht" gezogen wird, 1674.

[2] Verhandelte man im Rathe einen Gegenstand, der nur die Rathsherren allein betraf, so wurde beschlossen: „es bleibt in der Eng", d. h. es bleibt unter uns.

[3] Ein Rathsherr erhielt vom Magistrate einen Verweis, weil er statt zur Sitzung mit dem Verwalter zum Frühmahle gieng, 1631.

Der gebräuchliche Titel des Magistrates war: Ehren=
feste, wohlvornehme, vorsichtige, wohlweise, großgünstige
und gebietende Herren.

Der Magistrat verwaltete durch die Stadtämter das
Gemeinde= und das Kirchenvermögen; letzteres gemeinsam
mit dem Johanniter=Comthur.

Die Stadtämter, die jährlich am 2. Jänner unter
die Rathsherren und Gemeinführer vertheilt wurden,
waren:

1. Das Stadtkammeramt, errichtet 1643.
Der Stadtkämmerer verwaltete das bewegliche Vermögen
der Stadt; er empfieng jedes Einkommen in Geld, auch
die Steuer, bezahlte die Besoldungen der städtischen An=
gestellten und bestritt sonstige Auslagen. Zuerst war
nur ein Kämmerer; später wurden zwei, ein Rathsherr
und ein Gemeinführer, hiezu erkoren.

Die Einnahmen der Stadt waren: das Bürger=
rechtgeld, das Fisch=, Halt=, Geburtsbrief= und Mauth=
geld; die Mauthstrafgelder, der Ueberschuß des Tazgeldes,
das Standgeld an Jahrmärkten, der Pachtschilling von
den verpachteten Stadtgründen, der Erlös vom verkauften
Holze, die Hälfte der vom Stadtrichter oder vom Ma=
gistrate verhängten Geldstrafen und die ganzen Land=
gerichtsstrafgelder.

2. Das Spitalamt. Der Spitelherr verwaltete
das Spital; eigentlich war es ein Armenhaus. Dasselbe
besaß Wiesen und Aecker, wovon zumeist die „Spitaler"
erhalten wurden.[1]

---

[1] Siehe Capitel: Armenwesen.

3. **Das Zechamt.** Der Kirchenprobst oder Zech=
meister versah die Verwaltung des Kirchengutes; er durfte
dieses Amt, welches viel Mühe forderte, nicht länger
als drei Jahre hintereinander inne haben. Für seine
Bemühung erhielt er einen Theil der jährlichen Wein=
fechsung aus den Weingärten der Pfarrkirche.

4. **Das Ziegelamt.** Der Ziegelherr hatte die
Obsorge über den städtischen Ziegler und Ziegelofen.
Für die Bürger wurden alle Ziegelarten billiger verkauft,
als wie für Nichtbürger.[1]

5. **Das Mauthamt.** Die Stadt besaß als Land=
gerichtsinhaber das Recht, im ganzen Landgerichtsbezirk
an allen Orten Mauthen zu errichten; dafür mußte sie
dort, wo sie eine Mauthgebür einhob, Weg und Steg
erhalten. Eine ständige städtische Mauth war in Fürsten=
feld und Ilz. Hier versah der Mauthherr, ein Raths=
herr, die Mautheinnahme; in Ilz war ein besoldeter
Mauthner bestellt, welcher von Zeit zu Zeit von dem
Mauthschlüsselbewahrer controlirt wurde. An Kirchtagen
ward hier der Mautherr zur Einnahme des Mauthge=
fälles von mehreren Bürgern unterstützt, für welche als
Entlohnung an jedem Kirchtage zwei Mahlzeiten „ge-

---

[1] In den Jahren 1621 und 1622 wurden hier zusammen
drei Ziegelbrände gemacht. Bei einem Brande wurden erzeugt:
12.000 Mauerziegel, 3800 Dachziegel, 2007 Hohlziegel (zu
Zeiten nach Bedarf auch Pflasterziegel). Das Tausend Mauer=
ziegel kostete 1 fl. 4 ß, das Tausend Dachziegel 4 fl., ein Hohl=
ziegel 1 Groschen. Der Ziegler bekam als Lohn von jedem
Tausend Mauerziegel 5 ß, von jedem Tausend Dachziegel 1 fl. 2 ß,
von jedem Hohlziegel 3 ₰; für jede Truhe Sand ward 6 kr.
bezahlt.

rechtelt" wurden. Der Mautherr bezog 8 Gulden Jahres-Remuneration.

Bei der Mauth, die aus dem gewöhnlichen Mauthschranken bestand, war eine Mauthtafel angebracht; auf der einen Seite war das „Pantherthier", auf der andern Seite ein Rad gezeichnet, 1669.

Wer sich weigerte, die Mauth zu bezahlen, oder jener, der die Mauth umgieng, dem wurden im Betretungsfalle die vorgefundenen Waaren (Objecte) gepfändet. Der Besitzer konnte dieselben gegen Erlag des Mauthgeldes, dessen Höhe der Mautherr bestimmte, auslösen; that er dies nicht, so wurden die Waaren nach Jahresfrist als für verfallen erklärt, d. h. der Rath verkaufte sie dann und der Erlös floß in die Stadtcasse.

Folgender Mauthtarif galt hier durch das ganze 17. Jahrhundert: Von einem Wagen Getreide 4 kr., von einem Viertl Getreide 1 ₰, von einem Centner Schmalz, Unschlitt, Schmer 3 kr., von einem „Pachen" Schweinfleisch 6 ₰, von einem Paar „Hammen" und von einem Paar Schultern (Schweinfleisch) 3 ₰, vom vorderen Rücken 2 ₰, vom „Geens Pachen" 1 ₰, von einem Paar Kapaunen 2 ₰. Von einem Faß Honig 10 kr., von einer Tonne 3 kr. Von einer Tonne Häring 3 kr. Von sonstigen Fischen wurde kein Geld, sondern von jeder Gattung ein Fisch genommen. Von einem „Saum" (275 ℔) Pomeranzen, Citronen u. dgl. 3 kr.; von einem Startin Landwein und von einem Saum wälschen Wein 6 kr., von einem Saum Landwein aber 3 kr. Von einem Startin Weinstein 10 kr. Von einem Saum oder von einer Truhe Glas 3 kr. Von einem Ballen Tuch 10 kr., von einem Stück 3 kr., von jedem „Oertl" 3 ₰. Von einem Stück Leinwand 3 ₰. Von einem Centner Hanf oder Flachs 3 kr., von einem Stück Loden 1 kr. und von einem

Lobenrock 3 ₰. Von einem Wamms, einem Pelz, einem Paar Hosen, einem Paar Stiefel und von einer Kozen je 3 ₰, von einem Hut, einem Paar Niederschuhen und einem Paar Strümpfen je 1 ₰. Von einem Paar Ochsen 4 kr., von einem Pferde 3 kr., einem Schweine 6 ₰, einem Schafe 2 ₰. Von einem Wagen mit Käse gibt man einen „Mittern Khäß", von einer rauhen Ochsenhaut 2 ₰, von einer gearbeiteten 3 ₰. Von einem Centner Eisen 2 kr., von einem Centner Kupfer oder Blech 3 kr. Von einer Sense, einer Haue, einer Hacke je 2 ₰, einer Sichel 1 ₰, einer großen Zugsäge 6 ₰, von einer kleinen Säge 3 ₰. Von einem neuen beschlagenen Wagen 4 kr. Von einem Centner Pulver oder Blei je 3 kr. Von einem Tische oder einer Truhe 6 kr., von einem Fasse „Khrammerey" 10 kr., von einer Fuhre Laden 2 kr. Brückengeld, von einer „Khrippen" Kohle 1 kr., von einem neuen unbeschlagenen Wagen 2 kr., von einem Wagen Schaffeln ein Schaff, von einem Sieb oder einer Reiter, wenn man's trägt, 2 ₰, von einer Fuhre mit Sieben oder Reitern ein Sieb oder eine Reiter. Sämer, so durchreisen, zahlen von jedem Roß 3 ₰, das gleiche auch am Rückwege. Das Brückengeld betrug 2 kr.

Mauthfrei waren hier Hartberg, Friedberg und Radkersburg; einzelne Dorfschaften fanden sich mit einer jährlichen Geldsumme mit der Stadt ab.[1]

---

[1] Die Mauthschwärzer hießen „Mauthunterschießer". Das Mauthgefäll hatte auch damals viele Gegner. Dem Mauthner zu Ilz kündete 1631 der Pfleger zu Kalsdorf an, daß er ihn prügeln, in den Schloßkeller werfen und ihn aus der Kirche während des Gottesdienstes treiben lassen will. Der Besitzer von Kalsdorf, Freiherr von Herberstorff, verwehrte den Fürstenfeldern die Aufrichtung ihrer Ilzer Mauth: als aber im Jahre 1627 der Stadthauptmann Freiherr von Wilferstorff dem Rathe mittheilte, der Herberstorfer sei beim Kaiser in Ungnade gefallen, wurde unter Schießen die Mauth zu Ilz wieder eröffnet.

6. **Das Siegelschlüsselamt.** Die Siegelschlüsselverwahrer, auch „Sigiltrüchel"=Verwahrer, ein Rathsherr und ein Gemeinführer, verwahrten in der Siegeltruhe alle gesiegelten Urkunden; sie siegelten die vom Rathe ausgestellten Urkunden. Als das Stempelpapier, Siegelpapier, aufkam, waren sie mit der Verrechnung desselben betraut.

7. **Das Baumeisteramt.** Der Stadtbaumeister brauchte kein Fachmann zu sein, er war es gewöhnlich auch nicht. Er beaufsichtigte die städtischen Gebäude und Waldungen; ohne seine Auszeigung durfte niemand Holz aus den Stadtwaldungen führen.[1] Mit dem Stadtwachtmeister überzeugte er sich von Zeit zu Zeit von dem feuersicheren Zustande der Feuerherde und der Rauchfänge in der Stadt. Seine Besoldung betrug 12 fl.

8. **Die Thorschlüsselverwahrer** bei den Stadtthoren waren für das rechtzeitige Oeffnen und Schließen der Stadtthore und für das Aufziehen der Zugbrücken verantwortlich. In Pestzeiten hatten diese Personen, für jedes Thor ein Rathsherr oder Gemeinführer, einen schweren Dienst zu versehen.

9. **Das Stadtfähnrichamt.** Der Stadtfähnrich trug und verwahrte die Fahne der Bürgerwehr; er erhielt jährlich 1 fl. 30 kr. „Deputat wegen Aufwartung des venerabile am Gottleichnamstag" und genoß außerdem den Ertrag der „Fähndrichwiese". Der Stadtfähnrich war immer ein Rathsherr.

---

[1] Jeder Bürger, dem aus dem Stadtholze Brenn= oder Bauholz bewilligt wurde, erhielt vom Magistrate einen Holzzettel.

10. **Das Stadtwachtmeisteramt.** Der Stadtwachtmeister war nicht immer Mitglied des Rathes; im 18. Jahrhunderte versah dieses Amt nur ein Bürger, der nicht Rathsherr war. Er war nächst dem Stadtrichter das eigentliche Polizeiorgan der Stadt; er überwachte die Viertelmeister und Nachtwächter, beaufsichtigte das richtige Maß und Gewicht in der Stadt und publicirte gegen Bezahlung die Regierungsbefehle.[1] Für die Bekanntmachung eines jeden Patentes erhielt der Stadtwachtmeister 15 kr.; seine Besoldung machte jährlich 6 fl. aus; nebstdem war er steuerfrei, 1683.

Außer diesen Aemtern gab es noch Brotcommissäre, ein Rathsherr und ein Gemeinführer, welche von Zeit zu Zeit die Bäckerläden zu „überfallen" hatten, ob das Gebäck das richtige Gewicht besaß; dann die Rechnungs- und Pupillen-Commissäre, 4 Personen; erstere prüften die Rechnungen des mit einem Stadtamte Betrauten, z. B. die Ziegelrechnung, letztere die gelegten Gerhabschaftsrechnungen. Im Jahre 1674 wurden zur Prüfung aller dieser Rechnungen zwei Rathsherren, zwei Gemeinführer und zwei Mitglieder des Bürgerausschusses bestimmt. Die dem Rathe übergebenen Rechnungen wurden bis zu ihrer Prüfung „verpetschirt". Wurde die Rechnung für richtig befunden, so bekam der Rechnungsleger vom Magistrate einen Reitbrief als Absolutorium, 1619.

---

[1] Das Publiziren von Verordnungen mit Trommelschlag war nur bei außergewöhnlichen Angelegenheiten üblich. Die gedruckten Regierungsbefehle wurden am Rathhause angeschlagen, die geschriebenen wurden der Bürgerschaft vorgelesen und von der Kanzel verkündet, 1625.

Vom Magistrate besoldete Personen waren.:

1. Der Stadtschreiber, die wichtigste Person nach dem Stadtrichter im Rathe. Derselbe mußte in der Gesetzeskunde geprüft sein, ward vom Magistrat angestellt, bedurfte jedoch hiezu die Confirmation der Regierung. Er war der Vorsteher der Stadtkanzlei, hatte diese und seine Wohnung im Rathhause, ihm waren ein oder zwei Schreiber zugewiesen, die theils er erhalten mußte, theils bekam er dafür von der Stadtcasse eine Entschädigung. Er führte die Rathsprotocolle, concipirte alle Schriftstücke und fungirte zugleich als Landgerichtsschreiber. Er war der Rathgeber des Magistrates in allen gerichtlichen Angelegenheiten. Seine Besoldung betrug 40 fl., am Ende des 17. Jahrhunderts 80 fl. jährlich, nebst Holz und den verschiedenen Taxen; er war auch steuerfrei. Zuweilen war der Stadtschreiber auch Rathsherr. Nicht selten wurden Stadtschreiber Regierungsbeamte oder Herrschaftsverwalter. [1]

2. Der Rechtsfreund zu Graz, gewöhnlich ein Schrannen-Advocat. In wichtigen Civilrechtssachen und in Malefizfällen zog man ihn zu Rathe; sein Rathschlag wurde fast immer zum Beschlusse erhoben. Er vertrat

---

[1] Der Stadtschreiber war verpflichtet, zwei Verlaßinventarien gegen das übliche Schreibgeld aufzurichten: für mehr Inventarien mußte ihm außerdem eine Taxe gezahlt werden. Der Stadtschreiber Heinrich Bohl schrieb die Zeit seiner Dienstreisen ins Rathsprotokoll, „auf daß mir niemahlen, das waß Zeit wehrender meiner abwesenheit im Rath gehandelt, auf mein Vielfeltiges begehren ist eingebniget worden, also daß ich derentwillen, daß weß tempore absentia gehandelt worden, Kein Versprechen haben, noch man sagen Könne, ich habe dies oder jenes nicht protokollirt vnd also die Parteyen Keinen extract haben Können."

zugleich die Stadt in ihren Streitsachen mit den Herrschaften, Gemeinden u. s. w. bei der Regierung. Seine Jahresbesoldung betrug 20 fl. und Wildpret.

Zuweilen hielt die Stadt noch einen Sollicitator in Graz, dem für seine Mühewaltung jährlich ein gemästetes Schwein verehrt wurde.

3. Der beeidete Stadtbote. Er besorgte für den Magistrat die Post nach Graz und zu den naheliegenden Herrschaften. Er mußte wöchentlich am Erchtag zu Mittag mit den „Stadtnegotien" von hier nach Graz abgehen. Bei dieser Gelegenheit verrichtete er gegen Bezahlung auch verschiedene Geschäfte für die Bürgerschaft. Seine Livree bestand in einem grauen Rock mit grüner Ausstaffirung, dann in einem „Schildl"; seine Waffe war ein „Spießl", Jahreslohn 20 fl. und Holz. [1]

4. Der Gerichtsdiener besorgte die Aufsicht und Atzung der Gefangenen; er wurde bei Arretirungen [2] und zum Torquiren verwendet; er executirte in Vertretung des Scharfrichters die auf Ruthenstreiche oder Peitschenhiebe lautenden Strafen. Er wohnte in der „Diener Stubn" im Rathhause. Seine Jahresbesoldungbestand aus 40 fl. in Geld, 1 Viertel Weizen als Leihkauf, 3—4 Büffinge zu Kraut und Rüben. Bei der Uebernahme eines Arrestanten erhielt er 2 Groschen als seine Gebür.

---

[1] Zur Zustellung von Patenten, Rathschlägen und sonstigen Amtsschriften an Herrschaften und Obrigkeiten, die von hier weit entfernt lagen, z. B. nach Ungarn, Wien 2c., wurden für jeden Fall eigene Boten aufgenommen.

[2] Im Jahre 1702 bittet der Grichtsdiener, weil er bei einer Arretirung große Ungelegenheiten hatte, um einen „Auswurf" zu einem Rock. Fiat. Der Rock kostete 8 fl. 51 kr.

Jeder Bürger, der mit ihm spielte oder zechte, ward bestraft; ihm durfte nichts geborgt werden.

5. Die Thorsperrer bei den Stadtthoren; sie wohnten unentgeltlich im Thorhause, bewachten die Thore und öffneten das Pförtlein in der Nacht für bekannte Leute.

6. Zwei Nachtwächter, auch „Stadtwachter" oder Feuerrufer genannt, welche in der Nacht die Stunden in den Gässen und auf den Wällen ausriefen. Ein jeder bekam jährlich 11 fl. 15 kr. Besoldung und alle zwei Jahre einen neuen Mantel.

7. Die Wiesenhüter und Stadthirten.

Der Magistrat hatte als Stadtobrigkeit und politische Behörde zu sorgen:

Für die Bequartirung und Verpflegung der Truppen, für das Sanitäts- und Armenwesen,[1] für richtiges Maß und Gewicht. Es mußten am Rathhause vorhanden sein: 1 Grazer Viertel (für Getreide), ½ Viertl, 1 Maßlschaff, 1 Kandl, 1 Stadtwage, 1 Wage mit 10 Centner, 1 Visier, 1 Elle, 1 Sandtruhe.[2] Er überwachte auch das Zunftwesen. Richter und Rath gab den Fleischern, den Bäckern und anderen Gewerbetreibenden die Taxe, er bestimmte den Arbeitslohn der Taglöhner und Drescher, cassirte die Steuern ein, die bis zur Abfuhr nach Graz in einem „Steuertrüchl"

---

[1] Siehe die betreffenden Capitel.
[2] Der Landprofoß reiste im Lande herum, um Maß und Gewicht zu prüfen; hier fand er 1675 die Stadtelle etwas zu kurz, „er wills aber der Regierung nicht entdecken". Zum Dank verehrte ihm der Rath ein „Rech". — 1 Grazer Viertel = 1 Schäffel. Eine Maß Wein = 1 Pint.

verwahrt wurden und wozu man zwei Rathsherren als Mitsperrer erkor, 1630.

Ohne Wissen und Willen des Magistrates durfte kein Bürger sein Haus oder seinen Grund verkaufen; eifersüchtig wachte er darüber, daß kein Adeliger in der Stadt seßhaft werde, weil ein solcher zwar „alle Bürgerrechte und Freiheiten genießen, aber die Lasten des Bürgers nicht tragen wolle". [1]

Die Schule stand zum Theil unter des Rathes Aufsicht; er theilte dies Recht mit dem Johannitercomthur. Das Schulgebäude mußte jedoch die Stadt allein erhalten, auch hatte sie die wenigen Schulbedürfnisse zu bestreiten. [2]

Sobald ein Monarch starb, bewarb sich der Magistrat bei dem neuen Regenten um die Bestätigung der Stadtprivilegien; die Taxen und sonstige Auslagen hiefür betrugen im Jahre 1627 150 fl. Aengstlich wachte er über die Wahrung dieser städtischen Freiheiten. So verlangte im Jahre 1689 die Regierung eine Specification: Wie hoch die Stadt mit K Herrengült in der Anlage, wie viele leere Brandstätten hier sind, wie viel ein Bürger jährlich Steuer gibt, was jährlich in das Landhaus bezahlt wird, was die Stadt an Executionsgefällen hat und was bei der Stadt für Gemeinde- und Extraausgaben seien. Darüber entstand hier eine große Aufregung; einige Rathsherren ritten nach Feldbach hinüber, was

---

[1] 1631 will ein Bürger seinen Grund einem Adeligen verkaufen; eher kaufte ihn die Bürgerschaft, als daß sie dies zuließ.

[2] Siehe: Kirche und Schule.

der dortige Magistrat in dieser Sache thue. Beschlossen wurde, die verlangte Specification nicht auszufertigen, denn man befürchtete, daß die „Herren und Landtleut nur mit dergleichen Praetext erreichen wollen, um die kaiserlichen Städt und Märkt an sich zu handeln und dadurch derselben Erträgniß und fundamentalische Anlagen zu erforschen, wodurch gleichsam ein Bürger zu einem Bauer und ein Bauer zu einem Sklaven gebracht werden möchte." Erst als die Regierung drohte, wurde die Specification abgeschickt.

Eine Hauptaufgabe des Magistrates lag auch darin, bedacht zu sein, daß die Stadt nicht „abkomme", d. h., daß nicht weniger Bürgerhäuser werden, weil bei der Verminderung derselben die Lasten der Einzelnen stiegen. Deshalb mußte jede Brandstätte in der Stadt wieder gebaut und durfte kein Bürgerhaus (Hofmarch) getheilt und die zu jedem Hause gehörigen Grundstücke davon nicht wegverkauft werden. Bürgerhäuser durften auch nicht in baufälligem Zustande gelassen werden, widrigenfalls dasselbe dem Besitzer ex offo verkauft ward.

Der Rath hegte auch in den unbedeutendsten Angelegenheiten das größte Mißtrauen gegen die angrenzenden Herrschaften, damit ihm an seinen Rechten nichts verloren gehe; sie gaben und verlangten alles schriftlich, damit kein „Posess" entstehe. Insbesonders lag die Stadt immer mit der Johanniter-Commende im Streite. Im Jahre 1668 hatte der Magistrat von derselben 112 fl. Expensen zu fordern; sie führte den Ansatz und von Graz kam der Weißbote, um denselben auszuführen. Letzterer rieth dem Magistrate, den Ansatz nicht auf einen

Grund, sondern auf Unterthanen zu thun; es wurden auch 7 Speltenbacher Bauern „angesetzt".[1]

Wenn der Magistrat mit jemandem einen Proceß führte, und war derselbe bei der Regierung anhängig, oder der Rath bat diese um Steuernachlaß, um Befreiung von Militär=Bequartirung und anderes, so verehrte er Regierungsbeamten Verschiedenes, damit diese die Sache der Stadt recht kräftig förderten. Gespendet wurde Geld, Rebhühner, indianische Hühner, Haselhühner, Kronawettvögel, Hasen, Rehe, Wildschweine, Fische, Ochsen, Schweine, Wein, Schmalz, Heu, Hafer und Hanf.[2]

---

[1] In welchem Verhältnisse der Bürger mit dem Adel damals lebte und gleichsam als Zeichen der Zeit mag folgendes Beispiel dienen: Georg Christopf Freiherr von Wilferstorff, in Fürstenfeld ansässig, war wegen der Stadthauptmannschaft mit den Bürgern in Händel gerathen, 1640. Er ließ der Stadt entbieten, daß er ohne Respect einen jeden, den er auf seiner Wiese, in der Stadt Burgfried gelegen, wie auch das Vieh, betreten werde, wolle niederschießen und sich auch nicht „sanft legen", bis er sich an ihnen (den Bürgern) gerochen habe. Der Rath ließ dies Entbieten publiciren, protestirte dagegen nebst „glimpflichem" Erinnerungs= und Warnungsschreiben an den Wilferstorffer, daß er sich allein die Folgen zuzuschreiben habe. — Auch mit dem hiesigen Augustinerkloster stand der Rath oft auf gespanntem Fuße. 1633 begehrt der Prior „vier staudach oder Paumber (Bäume)"; ist ihm aber „vmb nit Zuehaltung guetter Nachbarschafft" abgeschlagen worden.

[2] Dem B. Galler werden 1633 ein Paar „annehmliche" Ochsen verehrt; dem Kanzler solle man mit einem Startin guten Weines bedenken, damit er auch des „armben Stättleins Ingedenkhen sein solle", 1635. Der Rath verehrt dem Herrn von Khünburg ein Wildschwein, dem B. Galler 2 Rehe, dem Hofkanzler Jöchlinger auch 2 Rehe, damit sie ein guter Patron des armen Städtleins wegen des Weintazes und der Rechtsstreitigkeiten bleiben, 1637. Der Statthalter, der Regierungs=Kanzler und der Secretär ersuchen 1667 um Wildpret gegen Bezahlung; es werden ihnen Rehe, Reb= und Haselhühner gegeben. Der Kanzler bedankt sich, „es war ihm liaber als weiß nit was".

Bei der Installirung eines neuen Statthalters wurde demselben von den Städten gleichfalls ein Ehrenpräsent gereicht. ¹

Der Magistrat führte ein Waisen-, ein Zins- und ein Steuerbuch; für gemeinnützige Zwecke wurde ein vom Rathe gefertigtes Sammelbüchel hinausgegeben.

Ueber Verlangen stellte der Magistrat an Personen Attestationen über deren Wohlverhalten aus, gleichsam Sittenzeugnisse. Solche Attestationen begehrte jeder hier in Garnison gelegene Commandant einer Truppe, wenn er von hier fortkam. Auch der Johanniter-Comthur Graf Pötting verlangte 1702 eine Bestätigung seines Wohlverhaltens. ²

Eine eigentliche Besoldung hatte weder der Stadtrichter, noch der Rathsherr und der Gemeinführer. Im

---

1667 berichtet der Stadtrichter, ein Herr der Regierung wäre sehr „discustirt", daß man ihm keine Rehe oder Rebhühner gegeben habe, hätte er damals, als der Stadtrichter in Graz war, nothwendig gebraucht, , könnt uns auch viel thun, sei Kammerrath." Beschluß des Rathes: Sind ihm 2 Ducaten zu schicken. — Regierungsbeamte laden Richter und Rath zur eigenen Hochzeit oder zu jener ihrer Töchter ein, worauf ihnen als Hochzeitehrung Federwild, Fische oder Wein präsentirt wurde.

¹ Weil der neue Statthalter Graf von Falbenhaupt bereits installirt, so ist ihm ein Gratulationsschreiben mit der Entschuldigung zu senden, daß jetzt kein Wildpret zu bekommen, weswegen man ihn auf spätere Zeit vertröstet, 1695. Im Jahre 1656 feierte ein Herr Kleindienst aus Graz hier seine Hochzeit, wozu der Statthalter und andere Herren „der hohen Stelle" herkamen. Rathsbeschluß: Man soll Herrn Statthalter und den Abgesandten der Landschaft und der Kammer aufwarten, ihnen Wachen verordnen und sie bei ihrem Einzug mit Lösung der Stücke und Doppelhaken empfangen.

² 1660 begehrte ein Bürger eine Attestation über sein bürgerliches Wohlverhalten, da er um eine Recompens bei Sr. Majestät einkommen wolle.

Jahre 1643 beschloß zwar der Magistrat, daß jeder Rathsherr „für seine Bemühung" aus der Stadtcasse, die oft erschöpft war, 6 fl. erhalte. Darüber beschwerte sich 1644 die Bürgerschaft bei der Regierung; es entstand sogar ein Aufruhr. Der Streit dauerte bis 1658, in welchem Jahre sich die Bürger deshalb neuerdings gegen den Rath auflehnten. Es wurden von der Regierung sieben Rädelsführer zu Arreststrafen verurtheilt, die sie im Grazer Rathhause absitzen mußten. Die Rathsherren verzichteten freiwillig auf die 6 fl. [1]

Die Einnahmen des Stadtrichters waren: a) die Hälfte der von ihm oder vom Magistrat als Stadtgericht verhängten Geldstrafen; dafür mußte er die Kost der Gefangenen, mit Ausschluß der Arrestanten des Landgerichts, bestreiten; b) für den Empfang des Bannbriefes 12 fl.; c) für die Patente 2 fl. 30 kr.; d) die Inventurstaxe, deren Höhe sich nach der Größe des Vermögens der Hinterlassenschaft richtete;[2] e) das sogenannte Fertiggeld bei Ausstellung einer Urkunde für Parteien, z. B. eines Geburtsbriefes; f) beim Verkaufe eines der Stadt eigenthümlichen Grundes einen Theiles des Leihkaufes. Wurde ein recht kleines Grundstück der Stadt,

---

[1] 1658 und auch einige Jahre nachher kamen vielfache Auflehnungen der Bürger gegen ihre Magistratualen vor, die im Mißtrauen gegen die Stadtverwaltung ihren Grund hatten. 1662 beschwert sich die Bürgerschaft, daß der Rath aus lauter Freunden, Schwägern und Vettern bestehe. Natürlich bildeten die Rathsbürger unter sich einen festen Verband; sie verheirateten gern ihre Kinder untereinander und nahmen sich gegenseitig zu Gevatter und zu Trauungszeugen.

[2] Bei der Inventur, die der Stadtrichter mit zwei bis drei Rathsherren und Gemeinführern vornahm, wurde auf Kosten der Hinterlassenschaft eine Mahlzeit gehalten, 1620.

„ein Winkel, ein Oertel Grund", veräußert, so mußte der Käufer dem Stadtrichter etwas verehren.

Zuweilen bezog auch der Stadtrichter das Standgeld an Jahrmärkten, wie z. B. 1674. Da es gebräuchig war, daß bei Errichtung eines Testamentes der Stadtrichter und Stadtschreiber zugegen waren, so entfiel dafür auch eine Zeugengebür, 1667.

Der Stadtrichter war von jeder Militär-Bequartirung befreit.

Bei Dienstreisen verrechneten der Stadtrichter, die Rathsherren und Gemeinführer, sowie der Stadtschreiber ein tägliches Liefergeld von 48 Kreuzer nebst den gehabten Reiseauslagen.

Das Einkommen der Rathsherren und Gemeinführer richtete sich nach dem Stadtamte, das dieselben verwalteten; doch war nicht für jedes Stadtamt eine Remuneration ausgeworfen.[1] Pachtete ein Rathsherr einen städtischen Grund, so zahlte er im Verhältnisse zu einem Bürger um 1 ß weniger Zins, als wie dieser. Einzelne Geldstrafen wurden unter den Rathsherren vertheilt. Die Feuerstattbesichter vor den Kirchtagen erhielten jedesmal jeder 6 Kreuzer.

Denen zum Landtag Deputirten gebührte täglich 48 Kreuzer, dann die „extra ordinary Zehrung" und Roß und Wagen.

---

[1] Im Jahre 1634 bat ein Bürger den Rath um Ueberlassung eines „Winkel" Feldes; dafür will er dem Magistrat einen Startin guten ungarischen Wein geben. Fiat.

4. Capitel.
Der Magistrat als Stadtgericht.

Dem Magistrat als Stadtgericht oblag die Ausübung des Richteramtes sowohl in Civil- als auch in Strafsachen.[1]

Civilrechtspflege.
Streitsachen.

Bei Forderung einer Geldschuld klagten die Bürger untereinander mündlich; alle anderen Klagen mußten schriftlich eingebracht werden.[2] Bekannte der Geklagte die Schuld, so lautete gewöhnlich der Rathschlag: Der Geklagte soll sich binnen sechs Wochen und drei Tagen unklaghaft machen, damit er zu anderen Mitteln nicht Ursache gebe. Es bildete dieser Rathschlag zugleich die erste Warnung. Nach Ablauf dieser Zeit erfolgte bei Nichtbezahlung der Schuld die zweite Warnung; der Kläger konnte den Ansatz oder die Pfändung, und dar-

---

[1] Waren mehrere Mitglieder des Rathes in einer Civilrechtssache selbst betheiligt, so begab sich in diesem Falle der Rath des Rechtes der ersten Instanz und bat die J.Oe. Regierung, diesen Rechtsstreit zu führen, 1618.

[2] Verklagen hieß vertagleisten.

auf die gerichtliche Feilbietung der gepfändeten Objecte verlangen, 1629. Die Terminbestimmung zwischen den Warnungen, dem Ansatze und der Feilbietung lag ganz in der Willkür des Gerichtes.

Klagte ein Fremder einen Bürger, so wurden die Termine so weit als möglich hinausgeschoben; klagte ein Bürger einen Bürger, so war das Verfahren ein weit kürzeres. Im letzten Falle, besonders in Erbschafts= streitigkeiten, bestimmte der Magistrat aus seiner Mitte einzelne Personen als Commissäre, welche zwischen den Parteien einen Vergleich anzustreben hatten, damit den Bürgern größere Gerichtskosten erspart blieben. Im Jahre 1674 beschloß die Bürgerschaft: Wenn ein Bürger nach geschehener Klage seinen Bürgergläubiger nicht zahlt, soll man selben „einstecken". [1]

Klagte ein Bürger einen Inwohner, einen Nicht= bürger, so war das Verfahren das kürzeste: er wurde so lange in Arrest gesetzt, bis er bezahlte. [2]

Widersprach bei einer Schuldklage der Geklagte die Schuld, so lautete der Rathschlag: Beweist der Kläger, daß er das Geld nicht erhalten hat und daß ihm die

---

[1] Schuldscheine der Bürger wurden vom Gerichte nicht gefertigt.

[2] Mitunter übte der Rath Nachsicht, wie folgendes Beispiel erweist: 1625: „Hat auch Herr Andr. Struggl dem Lezelter pr Geldschulden klaget mit Vermelden, wie das er ihm in seiner Behausung in der Stadt, da er ein Inwohner gewesen, übel gehaust habe, die Schuld ist 16 fl. vnd begehrt ihme deswegen so lang vnd Bill in arresto zu nehmen, bis er die Bezahlung leisten würde. Rathschlag: Ist ihme Lezelter gerathen worden, er soll einen gueten Mann zu sich nehmben vnd Herrn Struggl um ein längere Frist oder Termin der Bezahlung halber bitten."

Schuld nicht gutgemacht wurde, das werde gehört mit Vorbehalt der Gegenweisung und aller rechtlichen Nothburften.

Im Falle der Geklagte bei der Gerichtsverhandlung nicht anwesend war, so mußte der Kläger den erfolgten Rathschlag bei der Stadtkanzlei gegen Entrichtung einer Taxe beheben und denselben dem Geklagten selbst zustellen lassen. Wenn aber wegen einer Schuldklage bei der Regierung appellirt ward, so übermittelte der Magistrat die Regierungsbescheide den Parteien.[1]

Die Zustellung eines Rathschlages wegen Klagen jeder Art oder die Exequirung auch eines Regierungs-Befehles bei Klagen an einem Sonn- oder Feiertag war „wider der Ordnung vnd ist man nit schuldig zu pariren," 1664. Es mußte dann die Zustellung eines solchen Bescheides auf Kosten des Klägers neuerdings geschehen.[2]

Eine executive Feilbietung wurde wie folgt beschlossen: Im versammelten Rath. Wird Hans Zotl vorgefordert und ist ihm auferlegt worden, seine Schulden zu melden. Nach welchem Herr Stadtrichter, weil sich die Bekenntniß seiner Schulden hoch erstreckt, in Berathschlagung gelegt, was nun in Sachen zu thun sei. Rathschlag. Wird geschlossen, man solle um der Creditoren willen am Pfingstabend einen Zettel anschlagen, damit

---

[1] Für das Ausfertigen eines Regierungs-Rathschlages in Graz zahlte man 7 kr. 2 ₰, für das Auslösen eines Regierungs-Abschiedes 30 kr. Taxe.

[2] Nahm die Partei eine amtliche Zustellung nicht an, so legte der Zusteller das Schriftstück auf den Tisch in der Stube der Partei und fertigte darüber eine Urkunde aus, 1612.

die Creditoren erscheinen und zwischen hin und 6 Wochen und 3 Tagen sich zur Tagirung seines Gutes anmelden, 1630. Das Executions-Edict wurde nicht nur am Rathhause, sondern auch bei den Stadtthoren, und wenn das zu verkaufende Object ein Haus war, auch an dem Hausthore angebracht. [1]

Langte das vorhandene Vermögen nicht zur Deckung der Schulden aus, so wurde dasselbe nach dem Percentsatze und nach Abzug des etwaigen Steuerausstandes und der Gerichtskosten unter die Gläubiger vertheilt. Befanden sich unter dem zu verkaufenden Gute auch Fahrnisse, so wurden darunter auch die Schmuckgegenstände verstanden, außer sie waren (bei einer Frau) im Heiratsbriefe ausgenommen, 1661. Bei executiven Feilbietungen galt kein Einstandsrecht.

Von der Mitte des 17. Jahrhunderts an erscheinen auch bei Schuldklagen Rechtsvertreter, gewöhnlich Grazer Advocaten und Stadt- oder Marktschreiber der benachbarten Orte; ihre Expens-Rechnungen wurden vom Stadtgerichte auch „gemildert".

---

[1] Der interessanten Form halber führe ich eine executive Feilbietung eines Fleischergewerberechtes aus dem Jahre 1761 an. „Weillen Partheyen Vorhanden, so mag die Licitation bone ordine mit auffstellung des angezündeten wachsliecht Vorsichgehen," sagt der Stadtrichter. Nachdem nun die Licitation um das Fleischerjus zwischen der „Civil Wittib", dem Josef Strell und dem Franz Piber über 2 Stunden gedauert, „indeßen aber das wachsliecht erloschen," also ist dem J. Strell, als dem Meistbietenden, das Jus um 131 fl. adjustiert. Von diesem Betrage aber ist der Civil=Witwe in Beisein ihres Schwiegervaters Josef Gabrielis ein Ducaten per modum eines Leikaufes und damit sie das Jus desto leichter „verschmerzen", in die Hand gegeben und von selber mit Dank angenommen werden."

Daß die Gläubiger trotz des Gerichtes oft recht lange auf die Bezahlung ihrer Forderungen warten mußten, kam häufig vor; es dauerte manchmal Jahre.

Verläſſe.

Sobald ein Bewohner der Stadt, mit Ausnahme der Adeligen und Priester, starb, nahm der Stadtrichter im Beisein von zwei bis drei Rathsherren und mindestens von einem Gemeinführer bei einem vorhandenen Vermögen die Sperre und in kurzer Zeit nachher die Inventur vor. War ein Testament vorhanden, so ward dasselbe gerichtlich eröffnet; dabei konnten sich die Erben „einen Bedacht nehmen", ob sie mit den Bestimmungen des Testamentes einverstanden sind oder nicht. [1]

Zur Verwaltung testamentarisch gestifteter Gelder wurden vom Magistrate Inspectoren ernannt.

Bei der Inventur wurden zwei gleichlautende Inventarien ausgestellt; ein Exemplar verblieb bei der Stadtkanzlei, das andere erhielt die Partei. Dies Inventarium enthielt die Namen jener, welche die Inventur vornahmen, dann die Anführung der vorhandenen Urkunden, des Hauses und der Liegenschaften, des Viehes, der Fahrnisse, des Getreides, der Einrichtungs- und Wirthschaftsgegenstände, der Kleider und Wäsche, des Küchengeschirres u. s. w., des Bargeldes [2] und der Geldforderungen des Verstorbenen. Hernach wurden alle

---

[1] In Erbstreitigkeiten entschied man nach dem Fustapfenrecht, 1680.

[2] 1679 verschwieg eine Witwe bei der Inventur des Vermögens ihres Mannes vom Bargelde 1000 fl.; sie mußte deshalb als Strafe jedem Rathsbürger einen Ducaten geben.

Schulden desselben postenweise angeführt und dazu die Gerichtskosten und die ausstehenden Steuern geschlagen. Das verbliebene factische Vermögen wurde immer so vertheilt, daß die hinterlassene Witwe (Witwer) die eine Hälfte, die Kinder zusammen die andere Hälfte erhielten.

In die Inventur nicht einbezogen wurden: für die Witwe und für jede Tochter ein aufgerichtetes Bett und auch oft eine Kleidertruhe; für die Söhne die Waffen des Vaters. Bei kinderlos verstorbenen Hausbesitzern blieben die Wehren, Säbel und Hellebarte beim Hause.

Bei verstorbenen Weibern nahm der Stadtrichter nur die Hälfte der nach verstorbenen Männern gebürenden Schätz- und Sperrtaxe.

Pupillenwesen.

Sobald ein Vater starb, bestellte der Magistrat als Obervormundschaftsbehörde einen Gerhab (Vormund) für die hinterlassenen Kinder; in der Regel wählte man hiezu Verwandte derselben. Der Vormund war verpflichtet, jährlich seine Gerhabschafts-Rechnung zu legen, doch wurde das selten gethan. Man ließ entweder mehrere Jahre verstreichen, oder forderte erst dann die Rechnung, wenn der Minderjährige vogtbar ward. Im Jahre 1630 wurde hier ein Pupillenbuch angelegt.

Die Pupillengelder wurden vom Rathe auf Häuser oder Grundstücke ausgeliehen und zwar gegen 5% oder von einem Gulden einen Groschen;[1] sie durften jedoch nicht auf solche Realitäten hinausgegeben werden, die nicht unter der Jurisdiction der Stadt lagen. Werth-

---

[1] Es kommen auch 15% vor.

sachen der Pupillen, wie z. B. Schmuckgegenstände, wurden am Rathhause deponirt; über jedes Depositum fertigte der Rath einen Legschein aus.

Der Magistrat sorgte dafür, daß die männlichen Pupillen ein Gewerbe erlernten;[1] vermögenden Knaben blieb die Wahl des Berufes frei. Sehr selten kommt es vor, daß Minderjährige vor der gesetzlichen Zeit volljährig erklärt wurden.

Das Pupillenwesen wurde im Allgemeinen schlecht verwaltet; in nicht vereinzelten Fällen ging durch leichtsinniges oder nachlässiges Gebahren mit dem Gute des Minderjährigen dasselbe verloren. Die zahlreichen Erlässe der Regierung in Gerhabschafts-Angelegenheiten geben hiefür beredtes Zeugniß.

Verkauf und Uebergabe von Realitäten.

Kein Bürger war berechtigt, ohne Einwilligung des Magistrates eine Realität zu verkaufen oder zu kaufen. Jeder Kauf mußte mit Angabe des Preises, des Leihkaufes[2] und des Reugeldes bei Gericht angesagt werden.

Die Formel für die Bewilligung eines Verkaufes lautete: Der Kauf hat statt; im Gegentheile: Der Kauf findet aus bedenklichen Ursachen nicht statt.

---

[1] 1674: Die Piberin soll den Pupillen nehmen, aber nicht zum Kuhhalter gebrauchen, sondern ihn in die Schule schicken.

[2] Nasser und trockener Leihkauf, auch beim Verkaufe von Vieh. Der Curiosität halber führe ich einen ausgemachten Leihkauf bei Verkauf eines Ackers 1762 an. Leihkauf: 1 Speciesthaler, dann 1 Paar lederne Hosen für den Verkäufer, 1 Paar lederne Hosen für den kleinen Sohn des Verkäufers und 1 Paar „Stützl" für die Frau des Verkäufers.

Das Ansagen von einer Veräußerung einer Realität geschah gewöhnlich bei den Bürgerversammlungen am Rathhause; die nächsten Verwandten des Verkäufers, nach diesen die Anrainer, dann jeder Fürstenfelder Bürger konnte das Einstandrecht geltend machen. (Dasselbe gewährte nämlich dem hiezu Berechtigten das Recht, daß er um die angesagte Kaufsumme die Realität käuflich an sich bringen konnte, während der Nichtberechtigte dieselbe nach erfolgter Ansage auch nicht um einen höheren Kaufschilling erlangen konnte.) Das Einstandrecht mußte binnen 14 Tagen nach erfolgter Verkaufsansage bei Gericht angemeldet werden; erst wenn niemand von diesem Rechte Gebrauch machte, wurde der Verkauf abgeschlossen. [1]

Verkaufte ein Bürger Grund und Boden an einen Adeligen, so nahm der Rath den zehnten Pfennig; solche Verkäufe kamen äußerst selten vor.

Wer sein Haus feilbot, mußte dies auch durch einen Zettel auf seinem Hause kund thun.

Sobald der Kauf einer Realität abgeschlossen ward, fertigte der Magistrat den Kaufbrief, wofür der Stadtrichter das Kaufrecht-Briefgeld beanspruchen konnte.

Eine falsche Angabe der Kaufsumme bei Gericht wurde geahndet. Der Bürger konnte seinen Grund auch versetzen.[2]

---

[1] Es ist ein alter Brauch, daß die nächsten Freunde das Einstandrecht besaßen und daß es bei Gericht Geltung hat, 1618. Dieses Recht wurde 1787 aufgehoben. Tagwerker konnten kein Einstandrecht anmelden.

[2] Bei versammelter Gemein begehrt ein Bürger, es wolle ihm einer auf seine Wiese 40 fl. leihen; wo nicht, wolle er sie dem Prior versetzen, 1629.

Straffachen.

Ehrenbeleibigungen.

Gewöhnliche Schimpfereien unter der Bürgerschaft wurden „Greinhandel" genannt, 1625.

Wenn ein Bürger einen anderen wegen angethaner Ehrenbeleibigung gerichtlich belangen wollte, so mußte der Kläger den Beklagten erst beschicken, d. h. er ließ letzteren durch zwei Männer um Satisfaction ersuchen; erst dann, wenn diese verweigert wurde, konnte die Klage bei Gericht mündlich oder schriftlich vorgebracht werden. Bei Klagen wegen Ehrenbeleibigungen gegen Frauen war die erste Instanz der Mann; der Kläger mußte erst den Mann beschicken und konnte erst nach verweigerter Genugthuung bei Gericht klagen, sonst wurde die Klage Unordnung halber abgewiesen. [1]

Frauen besaßen kein Recht, bei Gericht selbst klagend zu erscheinen; sie konnten ihre Klagen nur durch Männer anbringen lassen. Ein Weib war auch als Fundamentalzeuge „nicht genug", 1670.

Der Unterthan konnte nur durch seinen Herrn oder dessen Stellvertreter klagen.

Das Beschicken, auch gütliches Ersuchen genannt, und das Klagen durfte nicht am gleichen Tage geschehen; dies war ebenfalls „Unordnung".

Wenn nun ein Bürger den anderen an seiner Ehre angriff, so mußte er dies beweisen; der Ueberwiesene,

---

[1] Als das Stempelpapier aufkam, wurde auch jede Klage, die auf ungestempeltem Papier eingebracht ward, Unordnung halber abgewiesen.

weil er den „Anwurf" nicht erweisen kann, soll aus der Stadt geschafft werden, lautet ein Beschluß der Bürgerschaft im Jahre 1618. Nennt einer den anderen einen Schelm, und er kann es nicht beweisen, so ist er selbst ein „Schelmb".

War bei Gericht die Weisung ungleich, d. h., wurde bei gegenseitigen Beleidigungen durch die Zeugen nicht klargestellt, wer eigentlich Beleidiger oder wer der Beleidigte war, so wurden Kläger und Geklagter bestraft.

Wenn Bürger einander beschimpften, ohne die gethanen Scheltworte erweisen zu können, und sie verglichen sich außergerichtlich, z. B. beim Weine, so wurden beide bestraft. Auch wurde das Greifen in den Bart bestraft, 1626.

Zwei Bürger, die sich gegenseitig „bös" beschimpften, wurden so lange ihrer bürgerlichen Pflicht entsetzt und hatten sich der Gemein zu enthalten, bis sie die Injurien und Scheltworte einer auf den anderen darthun.[1]

Strafen bei Ehrenbeleidigungen waren: Oeffentliche Abbitte, Geldbußen und Arrest; letzterer wurde im „Bürgergewölb", Bürgerzimmer, am Rathhause abgesessen.

Im Folgenden führe ich einige erfolgte Strafen für Ehrenbeleidigungen an.

Hans Hauber klagt den Rathsherrn Adam Ackermann, daß er ihn einen Schelm, einen Dieb und Räuber genannt habe. Ackermann verantwortet sich: Hauber habe bei den Schweden (im dreißigjährigen Kriege) gedient,

---

[1] Sich der Gemein enthalten bedeutete, daß ein solcher verurtheilter Bürger so lange weder als Kläger in einer Civil=, noch in einer anderen Rechtssache bei Gericht erscheinen konnte, bis der Magistrat das Urtheil aufhob: „er wurde nicht gehört."

was nicht redlich war, ergo sei er ein Schelm, und weil er vom Kaiser keinen Abschied habe. Ferner habe er des Kaisers Länder ausrauben helfen, ergo sei er ein Dieb und Rauber. Hauber spricht: Er habe dem Herzog aus Tirol gedient und sei bei Landau am Bodensee von den Schweden gefangen, aber nicht mehr ausgelöst worden, habe wider seinen Willen dienen müssen, welches manchem redlichen Soldaten widerfahren sei. Nun sind alle solche Dienste vom Kaiser pardonirt und für redlich angenommen worden. Strafe des Ackermann: 10 Reichsthaler, 1658.

1625: Der Beklagte hat sich (wegen Ehrenbeleidigung) auf dem freien Platz oder vor dem Pranger öffentlich auf das Maul zu schlagen, ist für einen untüchtigen und unehrlichen Mann zu halten und ist dann von der Stadt zu schaffen.

1626: Zwei Bürgersfrauen beleidigten sich gegenseitig. Urtheil: Die Männer werden ihre Weiber zu züchtigen wissen, und „weilen sie ihren Weibern selbsten nicht Herr sein können, sollen sie an ihrer Statt jeder zween Reichsthaler zur Straf erlegen."

1626: Ein Bürger redete über einen Rathsbürger Uebles. Urtheil: Er hat sich in Gegenwart der versammelten Bürger auf das Maul zu schlagen und der Stadtrichter wird ihm eine Geldstrafe zu geben wissen.

1632: Einem Geklagten wird vom Gerichte befohlen, damit das Gericht wegen seiner und seines Weibes nicht Ursache zu strafen habe, so soll er und sein Weib solche muthwilligen und schlimmen Reden einstellen und soll er sich und seinem Weibe das Maul verbinden.

1645: Eine Bürgerin beschimpfte einen Bürger: der Rath befahl ihrem Manne, er soll ihr ein „beßres Biß ums Maul legen".

1684: Ein Bürger beleidigte eine ledige Bürgerstochter. Strafe: Es soll dem Beklagten wegen seines ungewaschenen Maules ein guter Verweis gegeben werden.

1689: Eine Bürgerin beschimpfte den Stadtwachtmeister. Es wurde ihr gerichtlich damit gedroht, daß sie im Wiederholungsfalle mit einer Fidel um den Hals in der Stadt herumgeführt werde.

1690: Der Stadtrichter klagte eine Rathsbürgerin, daß diese seine Frau beleidigte. Der Rathsbürger vertheidigte seine Frau, daß diese nur in der Hitzigkeit so gesprochen, weil die Stadtrichterin seiner Frau einstmals „Stillschweigen" geheißen, denn es gebüre einer Stadtrichterin nicht, seiner Liebsten Stillschweigen zu heißen, weil diese und die Stadtrichterin so weit von einander wären, als wie Himmel und Erde, denn seine Liebste wäre eine geborene Gräfin (was aber nicht wahr war). Urtheil: Der Rathsbürger soll sein Weib in den nächsten drei Tagen wohl empfindlich strafen, widrigenfalls sie eine schärfere Strafe, die sich der Rath reservirt, unfehlbar erhalten würde, mit Erwiderung, daß man mit ihr nicht wie mit einer Gräfin, als für welche man sie derzeit nicht erkennt, sondern wie mit einer Bürgerin verfahren wird.

Strafen wegen Beschimpfung des Magistrates.

1618: Der Bürger hat als Strafe eine Almer auf das Rathhaus machen zu lassen, 10 Thaler zu erlegen und zwei Tage ins Bürgergewölb zu gehen.

1655: Hammer beschimpfte den Rath, was Hans Ruepp anzeigte. Urtheil: Weil Hammer überwiesen, so soll Ruepp dem Hammer vor einem ehrsamen Rath als einen untüchtigen Mann auf's Maul schlagen, und er soll innerhalb vier Wochen stiften und verkaufen, denn man begehre solche Bürger nicht.

1670: Der Geklagte hat einen Hängebaum aus dem Walde zur Brücke als Strafe führen zu lassen (die Stadt baute gerade eine neue Brücke).

1679: Weil der Sattler den Rath beschimpfte, so sind demselben von seiner gelegten Rechnung für Arbeiten bei Herstellung der „Stadtkalesche" 9 fl. abzuziehen.[1]

Strafen bei Beschimpfung der ganzen Bürgerschaft.

1626: Ein Inwohner sagte, die Fürstenfelder Bürgerschaft sei zu Kriegszeiten zu den Stadtthoren hinausgelaufen. Beschluß des Rathes: Derselbe hat der ganzen ehrsamen Bürgerschaft abzubitten; er soll niederknien und solche „ausgegossene Red wiederumb zu sich nehmen".

1627: Der Büchsenmeister schimpfte über die Stadt: zu Fürstenfeld geht es mörderisch zu, man soll ihn bei dem Kaiser verklagen, er sei dem Stadtrichter keinen Gehorsam schuldig, „und hat dem Richter vorgeschnalzt". Rathschlag: Wird ihm auferlegt, binnen 6 Wochen und 3 Tagen sein Haus zu verkaufen und er soll in das Bürgergewölb.[2]

---

[1] Ein Wagner mußte aus Strafe zwei Wagenräder ins Spital, ein Tischler zwei Stühle aus Strafe auf's Rathhaus machen, 1631.

[2] Wenn jemand am Dorfe beim Richter eine Klage vorbrachte, so mußte der Kläger den Klaggroschen reichen; darauf berief der Richter die Geschworenen zusammen, in deren Gegenwart er die Klage anhörte.

Schlägereien.

1657: Strafe: 1 Reichsthaler oder 4 Tage Arrest, „was er lieber thun will". Ist im Arrest verblieben.

1677: Ein Bauer schlug einen Bauern in der Freiung. Decisio: Der Beklagte soll 32 fl. oder die rechte Hand hergeben und sich mit dem Beleidigten vergleichen; wenn er aber bittet, soll es auf 8 Thaler gelassen werden.

1678: Ein Fleischhauer verwundete im Raufhandel einen Bauern. Strafe: Ein Dutzend geselchte Zungen für den Rath.

1678: Der hiesige Festungsbauschreiber schlug den Müller ohne Ursache. Rathschlag: Weil man dem Bauschreiber wegen der alten Pallissaden noch etwas schuldig sei, soll selbiger darum gestraft sein.

1695: Ein Bürger ließ seine Dienstmagd in Arrest setzen und schlug sie dort. Strafe: Weil er dem Gerichte vorgegriffen, zahlt er demselben 4 Thaler, der Dienstmagd 2 Thaler und den Baderlohn.

1661: Eine Bürgerin schnitt ihrer Magd wegen „eines bösen Verdachtes mit ihrem Mann" ein Ohr ab. Strafe: 6 fl.

Ungehorsam gegen Richter und Rath.

1667 weigerte sich ein Bürger, auf dem Rathhause zu erscheinen. Er wurde durch die Wache abgeholt und zahlte 8 Thaler Strafe. Im Jahre 1632 kam ein Bürger so lange ins Gewölb, bis sein Weib, welches sich weigerte, vor Gericht zu erscheinen, erschien.

1619: Weil der Lackner, als er für seine Schwester eine Klage vorbrachte, dabei nicht allein mit Reden, sondern auch mit anderen Geberden, indem er mit Fäusten auf den Stuhl schlug, sich ganz strafwürdig verhalten hat, soll er zur Strafe 4 Tage in das Bürgergewölb. [1]

Im Jahre 1701 waren Hofcommissäre hier; da erwiesen sich die Bäcker renitent, sie wollten kein Brot in den Brotladen verschaffen, weshalb der Stadtrichter alle 6 Bäcker in Arrest setzte. Als der Stadtrichter für die Tafel der Hofcommissäre Rundsemmeln vonnöthen hatte, schickte er etlichemal auf das Rathhaus und erinnerte die Bäcker, daß einer oder der andere heruntergehe und Rundsemmeln backen lasse, bei sonstiger Strafe von 6 Reichsthalern. Sie haben aber das nicht gethan, so daß man genöthigt war, Rundsemmeln von Altenmarkt (ein Dorf bei Fürstenfeld) herunterbringen zu lassen; ferner giengen nachher alle Bäcker ohne Erlaubniß vom Rathhaus, was der Stadtrichter als einen ihm angethanen Schimpf betrachtete. Decisio: „Maßen die Bäckhen hierinfalls sich höchstens vermössen: vnd dieses gethann

---

[1] Im Bürgergewölb mag es nicht immer scharf hergegangen sein, wie folgender Fall erweist. In einer Sommernacht 1689 nahmen 8 junge Burschen aus dem Stalle eines Bürgers eine Kalbin, banden sie an einen hölzernen Pfeiler am Platze und gaben ihr ein Bündel Heu vor. Die Kalbin stand dort bis zum Morgen, bis sie von den Dienstleuten des Besitzers heimgeholt wurde. Dieser aber betrachtete diesen „Gspaß" als einen ihm angethanen Schimpf und klagte. Die 8 Burschen wurden so lange ins Bürgergewölb gesteckt, bis sie den eigentlichen Thäter oder Rädelsführer angaben. Im Bürgerzimmer belustigten sich dieselben, nahmen eine Geige hinein und spotteten, daß der Magistrat schon manches „Hirschauer Stückl" gemacht habe. Darauf wurde wohl der Arrest verschärft, aber sie verriethen nichts, so daß man sie endlich alle entließ.

zu haben nit widersprechen können, als solle Herr Stadtrichter Ihnen die oben schon vorher dictirte Straff einfordern."

Gefährliche Drohung.

1645 bedrohte der Stadtrichter mit dem Degen einen Rathsbürger. Der Magistrat beschloß: Der Stadtrichter hat bei Pön von 100 Ducaten so lange in seinem Hause zu verbleiben und soll keinen Fuß mehr daraus setzen, bis die Sache zwischen den Parteien geschlichtet sein wird. Der Stadtrichter mußte zwei Rathsherren und zwei Bürger als Bürgen stellen, daß er dem Bedrohten nichts thue. —

Gotteslästerung.

1657 sagte ein Bürger: Wie kann denn unser Herrgott so närrisch sein und solche Thiere erschaffen, die dem Menschen schaden. (Die Spatzen fraßen seinen Hirs am Felde.) Urtheil: Er hat zur Strafe ein steinernes Kreuz bei seinem Acker zu errichten.

Betrug.

Ein Bürger ließ bei einem Messerschmied die Petschaft eines anderen Bürgers „nachgraben". Strafe: Er soll durch 24 Stunden an der Kette gehängt bleiben und dem betreffenden Bürger eine Abbitte thun; auch hat der Vater des Thäters für seinen Sohn Bürgschaft zu leisten.[1]

---

[1] Eine falsche Urkunde siegeln hieß die Petschaft unterfangen.

Diebstahl.¹

Diebstähle von Gegenständen geringeren Werthes wurden vom Gerichte oft gar nicht geahndet, sondern Kläger und Geklagter sollten sich vergleichen; z. B. beim Diebstahle eines Kalbes, von Getreide, von Gras.

Taschendiebstähle wurden durch Geldstrafen gesühnt.

1658: Ein Bürger stahl Schanzzeug, als die Stadtwälle ausgebessert wurden. Strafe: ½ Tag lang soll er auf dem Esel in der Schanz sitzen und eine Haue und einen Krampen bei sich tragen.

1677: Einer stahl ein „Stückl" Leinwand. Urtheil: Er soll um 3 fl. gestraft und soll ihm das Land bis auf Wohlverhalten verwiesen sein.

1678: Zwei junge Taglöhner stahlen Ketten, Pflüge, Eggen, Nägel und Rosmarinstöcke. Sie wurden den spanischen Werbern nach Graz übergeben.

Andere strafbare Handlungen.

1633: Eine Magd, welche ihr Kind gleich nach der Geburt getödtet haben soll, was aber nicht erwiesen war, erhielt folgende Strafe: Sie soll zur Buße drei Sonntage in der Kirche knien, mit der Ruthe und der brennenden Kerze in den Händen, auch darüber Reue und Leid tragen und zur Beichte gehen; außerdem soll sie die Atzung während ihrer Untersuchungshaft zahlen.

1688: Eine Magd zieh ihren Dienstherrn fälschlich des Diebstahls. Strafe: Sie wurde am Pranger gestellt und mit Ruthen beim Stadtthore hinausgestrichen.

---
¹ Wer einen Dieb fieng, hatte Anspruch auf den Fürfang.

1701: Eine Landstreicherin erhielt vom Abdecker die Fibel umgehängt und wurde zur Stadt hinausgeführt. [1]

1680: Wegen „versprochener, aber nicht gehaltener Ehe" wurde das Vermögen der wortbrüchigen Braut so lange verarrestirt, bis sie die Geldansprüche ihres gewesenen Bräutigams beglich.

1666 schrieb jemand an eine Gartenthür etwas über den Hauptmann Caval; der Bürger Hans Santner stand im Verdachte, es geschrieben zu haben. Decisio: Santner soll seine Schrift unter diejenige, so an die Gartenthür geschrieben wurde, ziehen, damit man sehen kann, ob selbe der anderen gleiche.

Manchmal trat man an den Magistrat mit Geschenken heran, damit eine anhängige Rechtssache gefördert werde. 1632 bot ein Verwalter in einer solchen Angelegenheit Richter und Rath ein Frühstück an. Rathschlag: Seine Rechtssache wird befördert, „die Fruestuck aber nit begert werden, den Einen Ersamen Magistrat wenig daran gelegen ist."

---

[1] Anführenswerth ist folgende Strafe aus dem Jahre 1777: Clemens Wallis wird angeklagt, daß er sein Weib mißhandle, streitsüchtig sei und auf die geistliche und weltliche Obrigkeit schimpfe. Strafe: Der Geklagte hat im Winter bis längstens 7 Uhr Abends zu Hause zu sein, seinen ehelichen Gegentheil bescheidentlich zu halten, das übermäßige Trinken und Spielen zu meiden, am Freitag und Samstag sich des Fleischessens zu enthalten, bei Aufnehmung einer Dienstmagd seiner Frau die freie Wahl zu lassen und ihr diesfalls nicht im mindesten etwas einzureden, täglich eine heilige Messe anzuhören und in Zukunft mit seiner Frau und den Hausleuten in Ruhe und Frieden zu leben. Alles bei Strafe von 25 Prügeln und dreitägigem Fasten bei Wasser und Brot.

Das Eingreifen in das Recht eines andern nannte man eine Gewalt üben; Klagen hierüber kommen wegen der geringsten Kleinigkeit vor. Besitzstörung gehörte auch in das Capitel Gewalt üben. Bei einer solchen Klage taxirte der Kläger die ihm angethane Gewalt in Geld, gewöhnlich in Ducaten in Gold.

5. Capitel.
Der Magistrat als Landgericht.

Das Fürstenfelder Landgericht erstreckte sich über die jetzigen Gemeinden Dietersdorf, Loipersdorf, Gillersdorf, Stein, Uebersbach, Hartl, Söchau, Aschbach, Speltenbach, Altenmarkt, Groß-Wilfersdorf, Kalsdorf, Ilz, Neudorf, Hainfeld, Reigersdorf, Radersdorf, Mayerhofen, Bierbaum, Blumau und Schwarzmannshofen des Fürstenfelder=, Unterlam und Magland des Fehringer=, St. Kind des Feldbacher=, und Waltersdorf (nur zur Hälfte) und Leitersdorf des Hartberger Gerichtsbezirkes.

Das hiesige Landgericht richtete über Leben und Tod einer jeden im Landgerichtsbezirke wohnenden oder ergriffenen Person, mit Ausnahme aller Geistlichen und Adeligen. Wurden Zauberer oder „Hexen" eingeliefert, so mußte der kaiserliche Bannrichter in Graz von dem Falle verständigt werden, welcher dann mit dem Landgerichte Recht sprach.

Die Landgerichtsstrafen lauteten auf den Tod, auf eine körperliche Züchtigung, auf Ausstellung am Pranger, auf Verweisung des Landes oder des Landgerichtbezirkes, auf Erlag einer Geldsumme oder auf Einschließung.

Freiheitsstrafen wurden äußerst selten verhängt, und wenn es geschah, so erstreckte sich die Zeit der Einschließung nur auf einige Wochen; dann hatte der Vorurtheilte in Eisen zu arbeiten, er mußte z. B. die Wall= und Stadtgräben „raumben vnd säubern".

Todesurtheile wurden gefällt über Mörder, Räuber und Gewohnheitsdiebe, über Zauberer und Hexen, über Brandleger und Verräther und wegen sodomitischer Verbrechen. Der Todschlag konnte mit Geld gesühnt werden.

Wenn nun in einer Ortschaft ein Verbrecher aufgegriffen ward, so zeigte es der Ortsrichter seiner Herrschaft an, worauf diese entschied, ob der Verbrecher der Herrschaft oder dem Landgerichte einzuliefern sei. Im letzteren Falle wurde der Landrichter (Stadtrichter) verständigt, welcher dann Tag und Stunde der Uebernahme bestimmte und diese kund gab. Der Ort der Uebernahme eines Verbrechers war für jede Herrschaft oder Gemeinde immer der nämliche. Solche Uebernahmspunkte waren Kreuze, Kreuzwege, Stege, Eichen u. dgl., welche an der Orts= oder Herrschaftsgrenze lagen.

An diesem Ort wurde der mit den Händen auf den Rücken gebundene Verbrecher gebracht; dort rief der Ueberbringer zum ersten, zum anderten und zum dritten Male nach dem Landrichter. Erschien dieser darauf nicht, so stieß der Uebergeber den Verbrecher über den Ort und kümmerte sich um ihn nicht weiter; die daraus entstehenden Folgen büßte der schuldtragende Landrichter. Dem Stadtrichter gebürte für jede übernommene Person ins Landgericht 1 fl. und 1 ₰.

War der Gefangene ein Dieb, so mußten nebst dem Fürfange auch die bei ihm gefundenen Sachen mitübergeben werden, sonst nahm man ihn nicht an.

Ein übernommener Verbrecher kam in die „Keuchen", ein sehr einfaches Arrestlocal, worin kein Ofen stand; dort wurde er eingeschmiedet und mit Ketten an der Mauer angehängt.[1] Im Winter kamen diese Gefangenen in die Stube des Gerichtsdieners. Gefangene aber, gewöhnlich Todtschläger, bei denen ein Todesurtheil nicht in Aussicht stand, gingen bei Tage „in Eisen" im Rathhaushofe, wo sich die Arrestlocale befanden, herum.[2]

Nach der Uebernahme des Gefangenen vom Landgerichte verhörte der Landrichter denselben in Gegenwart mindestens zweier Rathsherren und eines Gemeinführers gütlich, d. h. ohne Anwendung der Tortur. Das Ergebniß dieses Verhöres entschied, ob der Arrestant auch peinlich zu befragen sei.

Bei allen Verhören führte der Stadtschreiber als Landgerichtsschreiber das Protokoll.

Das Torquiren geschah vor Richter und Rath durch den geschworenen Freimann; wenn nur die Daumschrauben

---

[1] Rechnung des Schmiedemeisters für das Landgericht 1657: „4 arme Sünder eingeschmiedet" 1 fl., ausgeschmiedet 1 fl., Ketten für die Gefangenen, eine 26 Ringe lang, gemacht, dann Hand- und Fußschellen.

[2] 1670 wurde ein Bauer, der einen anderen Bauer beim Raufen erschlug, weil er sich mit der Wittwe des Erschlagenen und mit der Herrschaft desselben verglichen, der Eisen entlassen, doch erhielt er bis zur Fällung des Urtheils ein „Schellenschloß" angehängt. Das Urtheil lautete: 50 Thaler, 10 Messen lesen lassen für den Erschlagenen, Zahlung der Schreib- und Gerichtskosten.

angewendet wurden, so verrichtete das Ansetzen desselben auch der Gerichtsdiener mit Hilfe des Abdeckers.

Nach dem Schlußverhöre wurde das Urtheil gefällt. Lautete dasselbe auf den Tod, so wurde der Freimann in Graz verschrieben, wenn derselbe schon nicht beim Torquieren hier thätig gewesen war. Vor der Urtheilsfällung theilte man dem Rechtsfreunde in Graz den betreffenden Fall mit, nach dessen Meinung das Urtheil gefällt ward.

Das Todesurtheil wurde der Malefizperson erst dann kund gethan, wenn der Freimann ankam; denn es war manchmal der Fall, daß man auf den Henker ein Vierteljahr warten mußte, weil derselbe bei anderen Landgerichten Beschäftigung hatte.

Sobald der Scharfrichter mit seinen Gehilfen hier ankam, wurde durch den Stadtrichter für den Freimann die Freiung verkündet, d. h., es wurde publicirt, daß der Henker unter dem Schutze des Gerichtes, des Kaisers, stehe.

Dann versammelte sich der Rath zur Gerichtssitzung, wozu der Verurtheilte gerufen wurde. Darauf kündete ihm der Landrichter mit folgenden Worten das Urtheil an:

„Du werdest dich wohl zu erinnern wissen, daß man dir deine Verbrechen vorgelesen und du alles bestätiget hast. Also sage ich dir und kündige dir den Tod an, daß du in drei Tagen sterben mußt. Bereue deine Sünden, es wird dir also ein Geistlicher zugestellt werden."

Am dritten Tage hernach trat der Gerichtshof im Rathssaale wieder zusammen; der Landrichter fragte seine

Beisitzer, ob diese Malefizperson, wie im geheimen Rathe beschlossen wurde, annoch des Todes sterben solle oder nicht?

Die gewöhnliche Antwort des Rathes war: „Was in dem geheimen Urtheil geschlossen worden, soll allerdings dabei sein Verbleiben haben, Gott sei gnädig seiner armen Seelen."

Nun gieng der Gerichtshof in die offene Gerichts- (Malefiz-) Schranne, welche bei günstiger Witterung am Hauptplatze, bei schlechtem Wetter im Vorhause des Rathhauses eröffnet wurde.

Ehe sich der Zug hiezu in Bewegung setzte, fragte der Landrichter den Verurtheilten, ob er auch allen seinen Feinden und auch jenen, die ihn verurtheilten, verzeihe? Darauf sprach er ihm „mit sanften Worten" zu.

Nun begann der Zug zur Gerichtsschranne; voran schritt der älteste Gemeinführer, das Richterschwert tragend, hinter ihm der zweite Gemeinführer mit dem Gerichts- stabe, dann folgten die Rathsherren, die anderen Ge- meinführer und der Stadtschreiber, zuletzt der Stadt- richter in seiner Amtstracht (langer, schwarzer Mantel, Degen), schließlich der Verurtheilte und die Wache.

In der offenen Gerichtsschranne verlas der Stadt- schreiber als Landgerichtsschreiber mit lauter Stimme das Urtheil mit der Eingangsformel: „Auf des armen Sünders gethanen und bekannten Missethaten haben meine Herren Beisitzer dahin beschlossen, daß er soll dem Freimann in seine Hand und Band(en) übergeben werden, der soll ihn nehmen und wohlverwahrter zu der gewöhn- lichen Gerichtsstätte hinausführen und alldorten ihn" (folgt die Angabe der Todesart).

Darauf rief der Landrichter: „Ist ein kaiserlicher Freimann vorhanden, der trete herein in die offene Malefizschrannen zum ersten, — zum zweiten und zum dritten Male!"

Der Freimann trat nun vor den Gerichtshof und sprach: „Herr Stadt- und Landgerichtsverwalter in Fürstenfeld! Man hat mich in die kaiserliche Malefizschrannen herein berufen, zum ersten, — zum zweiten und zum dritten Male! Also frage ich, was man von mir heutigen Tages will?"

Der Landrichter: „Freimann, hast du das Urtheil vernommen?"

Der Freimann: „Ja!"

Der Landrichter: „So thue ihm einen Vollzug!" und er brach den Gerichtsstab und warf denselben dem armen Sünder vor die Füße.

Darauf übernahm der Scharfrichter den Verurtheilten, und von nun an war eine Begnadigung desselben nicht mehr möglich. Der Freimann konnte einen solchen armen Sünder dadurch vom Tode retten, wenn er denselben zu seinem Henkersknechte erklärte. [1]

Nun setzte sich der Zug zur Richtstätte in Bewegung, wo das Urtheil vollzogen ward. Nach der Hinrichtung versammelten sich die Gerichtsherren und der Priester, welcher dem Verurtheilten in seinen letzten Lebensstunden tröstend zur Seite stand, zur Gerichtsmahlzeit, deren Kosten vom Landgerichte oder von dem Vermögen des Hingerichteten bestritten wurde.

---

[1] Der Mathes Faschung, weil ihn der Freimann zu einem Knechte begehrt, soll ihm gegen Urfehde gelassen werden, 1657.

Die Leichen der Justificirten wurden bei der Richtstätte begraben. Diese bestand aus drei gemauerten Pfeilern (daher im Volksmunde dreibeiniger Galgen), die oben durch Balken verbunden waren; in den Balken waren eiserne Haken angebracht.[1]

Im Jahre 1682 wurde ein Fürstenfelder Bürger wegen Mordes enthauptet; auf Fürbitte der Geistlichen ward für ihn in beiden hiesigen Kirchen geläutet und sein Leichnam im Gottesacker begraben.

Nachstehend führe ich das Expensar des kaiserlichen Banngerichtsschreibers und Malefizredners in Steier an, als er 1657 hier amtswaltete.

Liefergeld per Tag 45 kr.; für die Anklagen 1 fl. 30 kr.; für die Schrannen Leannen (?) 1 fl. 30 kr. Für die Verzicht auf die J. Oe. Regierung abzuschreiben und einzureichen ihrer 3 Aussagen per 15 kr. Für Milderung und Ausführung des Urtheils 48 kr. Für die Oration 1 fl. 39 kr. Für des Freimanns Geleite auszurufen 15 kr. Verzehrt im Gasthause 2 fl. 52 kr. — Der Freimann und sein Knecht hat Liefergeld 45 kr. Für 2 verrichtete strenge Fragen à 30 kr. Für das Hinrichten von 2 Personen durch den Strang à 15 kr. Für die 2 Schrauben à 15 kr. Für die Leitern aufzulehnen und wieder abzuwerfen à 1 fl. Für das Hin-

---

[1] 1658 wurden die 3 Pfeiler neu errichtet. Der gerufene Maurermeister sagt: Er allein darf dies nicht thun; er muß das Handwerk befragen, denn es müssen dazu alle Meister und Knechte (Gehilfen) Hand anlegen und es muß jeder wenigstens einen Stein dazu einmauern; auch muß dem Handwerk etwas spendirt werden. Der Stadtrichter erhandelte den Bau des Hochgerichtes mit 22 fl.

richten einer Person mit dem Schwerte 15 kr. Für den Körper einzugraben 1 fl. Für den Kopf auf das Hochgericht aufzunageln 15 kr. Für 2 Weibspersonen am Pranger zu stellen und mit den Ruthen zu züchtigen 2 fl. 15 kr. Beiden Weibern das Landgericht zu verweisen 2 fl. Für die Gerichtsmahlzeit 40 kr.

Im Jahre 1697 schloß das Landgericht mit dem Freimann folgenden Vertrag: Die ordentliche Jahresbesoldung beträgt 5 fl. Für das Vertilgen einer armen verzweifelten Person (Selbstmörders) bekommt er nebst der Kost 10 fl., dann Trinkgeld einen Thaler. Von einer malefizischen Person aber alles in allem 30 fl. Die Bestrafung mit dem Schilling durch den Freimann wird abgeschafft und hat dies durch den Wasenmeister zu geschehen, „weilen es billiger kommt".

Der Pranger, mit einem Fähnlein geziert, stand am Hauptplatze, in seiner Nähe das „Narrenhäusl". Die Ausstellung am Pranger beschränkte sich auf eine gewisse Anzahl von Stunden.

Die körperliche Züchtigung geschah durch Ruthenhiebe[1]; 30 Hiebe machten einen ganzen, 15 Hiebe einen halben Schilling aus.

Die Leiche eines Selbstmörders oder einer tobt gefundenen Person durfte nicht früher begraben werden, bis dieselbe nicht vom Landrichter (mit dem Gerichtsstab) „berührt" ward; dafür war ihm 1 fl. und 1 ₰ Blut- oder Hebgeld zu entrichten.[2] Wurde am Leichname nichts

---

[1] Im 18. Jahrhunderte durch „Kartabatschhiebe".
[2] Ein interessanter Streit entstand deshalb, weil sich ein Mann auf dem Aste einer am Raine der Herrschaften Kalsdorf

„Böses" gefunden, was der Baber zu conſtatiren hatte, es waren dies dann Leichen von Verunglückten, ſo ward er beim nächſten Kreuze, mitunter auch gleich am Fundorte begraben. Erſt 1698 befahl die Regierung, daß auf den Straßen gefundene todte Perſonen, wenn ſie eines natürlichen Todes geſtorben, in geweihter Erde zu begraben ſind. Es kam im 17. Jahrhunderte hier häufig vor, daß man todte Perſonen fand; es waren dies zumeiſt kranke Bettler, die in freier Gottesnatur hinter einem Dornbuſch, verlaſſen von aller Welt, verdarben.

Die Leiche eines Selbſtmörders wurde landgerichtlich „vertilgt", d. h. verbrannt[1]; die Berührung einer ſolchen Leiche war hoch verboten. Blaſius Liscutin wird 1645 mit zwanzig Thalern beſtraft, weil er einen erhängten Menſchen angerührt hat.

Im Folgendem führe ich einige bezeichnende und hier gefällte Landgerichts-Urtheile an:

Wegen Hehlerei: 1682: Ein Bauer kaufte von einem Diebe geſtohlene Gegenſtände. Der Dieb wurde hingerichtet, der Bauer aber mußte die gekauften, geſtohlenen Gegenſtände rückſtellen, die Atzung und Landgerichts-Unkoſten für den Hingerichteten, zuſammen 33 fl. 6 β, als Strafe zahlen.

---

und Wilfersdorf ſtehenden Eiche erhängte; die Eiche ſtand nämlich am Grunde des Wilfersdorfers, der Aſt mit dem Selbſtmörder reichte aber auf den Grund der Herrſchaft Kalsdorf hinüber. Beide Herrſchaften weigerten ſich, das Hebgeld zu reichen, weil jede behauptete, die Leiche liege nicht auf ihrem Grunde.

[1] 1620 ſchreibt der Stadtrichter ins Rathsprotokoll: Weil ſich der N. ſelbſt ſuspendirt (erhängt).

Wegen Todtschlages: 1. Der Thäter mußte dem Landgerichte 32 fl. erlegen, seine Nachbarn aber mußten einen Revers ausstellen, womit sie für einen „kommenden Schaden", den der Thäter anrichten sollte, gutstanden, 1627. 2. Der Richter zu Loipersdorf erwarf mit einem Stocke eine „Robotdirne". Strafe: 10 Reichsthaler, 1627. 3. Ein Bürger erstach den Schreiber des Dreißigers in Kaltenbrunn (Ungarn). Urtheil: In die Kirche einen Altar machen lassen, 10 fl. zur Apostelbruderschaft erlegen, 5 fl. nach Kaltenbrunn entrichten, das Baderlohn bezahlen und solange im Arrest verbleiben, bis das alles gethan ist, 1679. 4. Eilf Manns- und drei Weibspersonen erschlugen 1664, nach der Schlacht bei St. Gotthard, Soldaten. Strafe: Sie sollen Seelenmessen für die Erschlagenen lesen lassen und in Eisen bei gemeiner Stadt arbeiten; sie säuberten den Stadtgraben.

Wegen Zauberei: 1630 wurden sieben zauberische Weiber hingerichtet; sie wurden verbrannt. Bei der Verbrennung mußte Pulver verwendet worden sein, denn es heißt in der Unkosten Rechnung: 5 ℔ „Musketenpulver" à 6 β, eine halbe Fuhre Laden, 1 fl. 6 β. Die verurtheilten Zauberer wurden bei ihrer Hinrichtung auf einen „neuen Stuell" gesetzt und erhielten ein „Rupff hemet", 1674.

Im Jahre 1659 beschwert sich der Bannrichter bei der Regierung, daß Richter und Rath über die Eva Zehnerin ein unrechtmäßiges Urtheil gefällt, weil sie als eine wissentliche Zauberin hätte auf den Scheiterhaufen gelegt und vertilgt werden sollen, der Magistrat aber habe sie nur zum Schwerte verurtheilt. Der Rath berichtete darauf, daß sie keine „Natural=Zauberin, sondern nur als Supperstitiones gewirkt habe."

1695: Eine zauberische Person ist im Arrest „crepirt"; ihre Leiche wurde beim Hochgerichte verbrannt. —

Im Jahre 1678 wird auf Befehl des Landesverwalters in Steier der Michael Schuster als vornehmster Rädelsführer über Anrufen des hiesigen Comthurs hier am Pranger gestellt, ihm durch den Scharfrichter die Nase abgeschnitten und des Landes auf ewig verwiesen. Weshalb? ist hier nicht vorfindbar.[1]

---

[1] Ein Dieb wurde bei seiner Verhaftung schwer verwundet und starb bald darauf im Gefängnisse, ohne zu beichten. Er wurde beim alten Kreuz, „wo sonst lutherische Leut liegen, begraben", 1666.

6. Capitel.
Kirche und Schule.

Die Bevölkerung war selbstverständlich katholisch, nur dann und wann kam ein Lutheraner oder Calviner vor, welcher aber gleich katholisch werden mußte, widrigenfalls er von der Stadt geschafft ward. [1]

Die Pfarre umfaßte, wie auch heute noch, nur die Stadt und sie wird vom Johanniter=Orden besetzt, der schon 600 Jahre hier eine Comthurei besitzt. Im 17. Jahrhunderte, mit Ausnahme des letzten Jahrzehnts, administrirten die hiesigen Augustiner die Pfarre; in jenem Jahrhunderte fungirte kein Caplan bei der Pfarrei.

Das Einkommen des Pfarrers nebst der Stola war: 10 fl. Jahresgehalt, 4 fl. 4ß Stiftungsgelder, 72 Kerzen, in Geld 1 fl. 6 ß 12 ₰, und das Rorategeld 3 fl. Die Wohnung im Pfarrhofe und das Holz vom Kirchen= wald. Das Einkommen des Schulmeisters als Organist: 10 fl. Jahresgehalt, 2 fl. Stiftungsgelder (auch Suppen=

---

[1] Ein Büchsenschiffter, so lutherisch, wird vorgefordert, ob er sich mit Beichte und Communion nach katholischer Religion einstellen mag. Es wurden ihm 14 Tage Frist gegeben, katholisch zu werden, sonst wird ihm sein Gewerbe „niedergelegt" und er wird von hier abgeschafft, 1632.

geld genannt), 32 Roratekerzen und die Gebüren bei Aemtern, Begräbnissen ꝛc. Die Jahresbesoldung des Meßners betrug 4 fl. und 6 ß Suppengeld. Jeder Sänger am Chore bekam jährlich 9 fl.; in der ersten Hälfte des 17. Jahrhunderts empfing dies Geld der Organist, wofür er die „Cantores" verpflegen mußte.[1] Der Meßner erhielt von der Stadt für das Richten der Thurmuhr, was zu Zeiten auch der Schulmeister that, dann für das Läuten um 8 Uhr Abends (Achteläuten) und für das Ausläuten der Freiung jährlich 4 fl. 3 ß 6 ₰, 1616.

Die Gebür bei Leichenbegängnissen war für das ganze Geläute 4 ß, für das halbe 2 ß, für sehr Arme auch 1 ß 18 ₰ oder bloß 1 ß. Für das Graben des Grabes erhielt der Todtengräber 24 kr.; eine gewöhnliche Todtentruhe kostete 1 fl. Für das Verkünden zahlte man 3 Groschen Verkündgeld, für das Versehen und Spenden der letzten Oelung 36 kr. Für das Vorsegnen der Frauen wurde auch eine Gebür entrichtet; die Frauen wurden bei dem Hauptthore, die Mutter eines unehelichen Kindes aber bei einer Seitenthüre der Kirche vorgesegnet.

Zum Besten der Kirche wurde an Sonn- und Feiertagen in derselben gesammelt; das Sammelgeld betrug z. B. im Jahre 1617 5 fl. 17 ₰.

Umzüge wurden gehalten: 1. Am Frohnleichnamstage, wobei alle Zünfte mit ihren Fahnen erschienen,

---

[1] 1638 bittet Bartl Lercher, weil er sich in der Kirche als Discantist gebrauchen ließ, ihn zu bekleiden, weil er sonst im Winter nicht bestehen kann.

Rathsherren trugen den Himmel und der Stadtfähnrich commandirte die bürgerliche Ehrenwache. Denselben, sowie den Windlichtträgern, wurde, „wie vor Alters gebräuchig", von der Stadt ein Frühmal gegeben. 2. Am Petri-Paulitage, wobei geschossen wurde, 1628.

Jährliche Wallfahrten wurden unternommen: Am vierten Sonntage nach Ostern nach Söchau, am Sonntage Exaudi nach Pöllau, am ersten Sonntage nach Trinitatis nach Uebersbach und am dritten Sonntage nach Trinitatis nach Altenmarkt. Zu Pestzeiten verrichtete man noch außerordentliche Wallfahrten.

In der Fastenzeit zündete man bei jedem Altare kleine Kerzen in Kreuzesform an. Für das Herrichten des heiligen Grabes wurde viel verwendet; die Wächter, welche bei demselben von Charfreitag bis Ostern wachteten, erhielten eine Mahlzeit. In der Pumpermetten wurden bei dem großen Leuchter mit 13 Spitzen Unschlittkerzen gebraucht.[1]

Im Jahre 1635 verbot der Comthur Graf Gaschin dem Pfarrer hier das Abhalten der Processionen und „sonstigen Gottesdienstes", weil er mit Richter und Rath im Streite lag; als dies dem Fürstbischofe angezeigt wurde, ward dies Verbot natürlich sofort aufgehoben und der Comthur erhielt vom Monarchen einen Verweis.[2]

---

[1] Aus Kirchenrechnungen.
[2] Der hiesige Magistrat zeigte diese Angelegenheit nicht direct an; zwei Rathsherren fuhren nach Ilz und ersuchten den dortigen Pfarrer, er möge hier auf Kosten des Comthurs Gottesdienst halten, weil dies der Stadtpfarrer nicht thun darf. Der Ilzer Pfarrer machte dann die Anzeige an den Fürstbischof.

Im Rathsprotokolle von 1686 heißt es: Seit Menschengedenken ist in dieser Gegend kein Mensch gefirmt worden; erst auf Bitte des Rathes kam der Fürstbischof im genannten Jahre hieher firmen.

Während des Gottesdienstes an Sonn- und Feiertagen war das Fahren in der Stadt verboten; man ließ auch den Schlagbaum nieder, 1625. Kein Wirth durfte während dieser Zeit Wein ausschenken. Handwerker, die an Feiertagen arbeiteten, wurden vom Magistrate bestraft. Das Fleischessen an gebotenen Fasttagen nimmt 1623 überhand, weshalb es vom Rathe neuerdings verboten wurde. In der ersten Hälfte des 17. Jahrhunderts legte jährlich der Stadtpfarrer dem Magistrate das Verzeichniß über jene Personen vor, die in der Fastenzeit nicht beichteten. Rathschlag darauf: Sie haben bei Leibes- und Geldstrafen binnen 14 Tagen zu beichten, 1618.

Stiftungen zur Kirche kommen im genannten Jahrhunderte sehr wenig vor, dagegen mehren sie sich im 18. Jahrhunderte. 1642 wurde zu einem Acker die Stiftung gemacht, daß derjenige, so ihn besitzt, einen Leuchter am Annenaltar in der Pfarrkirche mit einer Kerze beleuchten lasse.

Sammlungen für religiöse Zwecke sind im Allgemeinen auch nicht häufig gewesen. Bettelmönche aus Graz, Bruck a. d. M. und anderen Orten erscheinen zwar nicht selten; sie erhielten vom Stadtkämmerer gewöhnlich 2—3 ₰; 1678 wird für die Franziskaner in Jerusalem zur Erhaltung der heiligen Orte hier gesammelt; das Ergebniß betrug 11 fl. 5 kr.

Ueblich war hier die Häuserräucherung, wofür man nach Belieben zahlte; dann das Vieheinsprengen, was durch die Hartberger Kapuziner geschah, wofür sie 1701 von der Stadt 12 Pint Schmalz erhielten.

Seltsam klingt es, daß im Jahre 1666 die hiesigen Augustiner eine „Beichte nicht passiren ließen", die ohne ihre Einwilligung anderwärts verrichtet wurde.

An religiösen Laienbruderschaften bestand hier die Rosenkranz= und die 12 Apostelbruderschaft. Letztere wurde 1662 gegründet und ward bald sehr vermögend. Sie besaß Unterthanen, Weingärten, dann in der Pfarr= kirche den 12 Apostelaltar, eine eigene Glocke, einen silbernen vergoldeten Kelch sammt Patene, zwei silberne Opferkannen und Schalen und überhaupt die erforder= lichen Paramente; auch bestritt sie die Beleuchtung ihres Altars selbst.

Der jeweilige Pfarrer war der Präses der Bruder= schaft; andere Functionäre waren der Rector, ein Bruder= schaftsrath und der Custos; letzterer verwaltete das Ver= mögen der Bruderschaft. Diese ließ jährlich 3 Aemter halten: am Corporis Christi=Tag, an dessen Octav und am Titularfeste. Jedes Mitglied erhielt beim Eintritte in die Bruderschaft ein Büchel, zahlte 24 kr. Einschreib= geld und mußte einen juchtenen Bruderschaftsgürtel nehmen, der 7 kr. kostete. Starb ein Mitglied, so er= schienen die Brüder im Klagornate: Mäntel mit Kapuzen; der Sarg ward mit einem sammtenen Bahrtuche bedeckt. Die Instruction für den Klagornat lautete 1663: Die die ganze Klage mit den Kerzen begehren, sollen 5 fl. geben, die kleinen Kerzen dazu 1 fl. 30 kr. Für die halbe Klage 3 fl. Die Windlichter sollen in Zukunft zu keinem Conduct gegeben werden, der nicht Mitbruder war, auch sollen nur verstorbenen Mitbrüdern die Bildnisse der heiligen Apostel Peter und Paul vorgetragen werden, damit ein Unterschied zwischen Brüdern und anderen erkannt werde. [1]

Die Bruderschaft besoldete einen Secretär mit 3 fl. und einen Bruderschafts-Ansager mit 5 fl. Jahreslohn.

Die Stadt besaß zwei Friedhöfe; der eine lag um die Pfarrkirche herum, wo die reichen Bürger, Priester, Beamte, Lehrer u. A. begraben wurden. Den Stadtpfarrer und (im 18. Jahrhunderte) auch jene Laien, die besondere Wohlthäter der Kirche waren, bestattete man in der Kirchengruft. Die hiesigen Augustiner hatten ihren eigenen Friedhof, vor ihrem Kloster gelegen. Der andere Friedhof lag in der Vorstadt, wo Dienstleute, Taglöhner, arme Leute überhaupt, und Fremde ihre ewige Ruhe fanden. Dieser Friedhof war 1689 nicht eingezäunt, weshalb „die Schweine und Hunde die todten Körper (der Menschen) umherzerten". Endlich machte man einen Zaun und setzte ein Kreuz aus Eichenholz, roth angestrichen, „wie gebräuchig", hinein.

Die Führung der Kirchenbücher war im Anfange des 17. Jahrhunderts eine äußerst einfache; Taufen, Trauungen und Sterbefälle sind auf derselben Seite eingetragen; erst seit 1617 bildet der Anfang des Buches

---

[1] Der Klagornat konnte nämlich von Nichtmitgliedern gegen Bezahlung ausgeliehen werden. Im 18. Jahrhunderte gab es auch weibliche Mitglieder dieser Bruderschaft. Diese wurde wie alle anderen 1784 aufgehoben.

das Tauf-, das Ende desselben das Todten- und die Mitte das Trauungsbuch. Die Eintragungen geschahen theils deutsch, theils lateinisch, je nach dem Belieben des jeweiligen Pfarradministrators.

Die Eintragung von Taufen geschah in folgender Art.[1] „Anno Domini 22. Februari 1613 Jahr habe Ich den Hansen Fleischhacker vnnd Bürger allhier, sein weib heißt Catharina, ein Khnäblein gethaufft, heißt Johannes, Der Adam Ackermann Burger zu Fürstenfeldt ist Gevatter, Vrsula Gmainblein Ist gegengfaterin."

„1613 20. Marty habe ich ein Khind getauft, solches die Edelgestrengen Frau Catharina Copitsch hat es nach ihr genannt Catharina, ist des Vaters Namen Matheß, ein lediger Handwerksgeselle der Hafner, vnd Affra Binder geborenes Kind, die nicht im ehelichen Stand, sondern außerhalb der Ehe bekommen haben, zu Uebersbach bei Fürstenfeld."

Nothtaufe. „NB. den 9. Decembris 1617 ist getauft worden ein eheliches Kind mit Namen Christophory, des erbarn vnd weisen Herrn Tiam Pinder, Burger vnd Rathsfreund allhie, Magdalena seiner Hausfrauen eheleiblicher Sohn, der Gevatter ist gewesen Peter Kolb, gleichfalls Burger vnd Rathsfreund allhie zu Fürstenfeld." —

„Anno 1630, 21. Septemb: Baptizati sunt Mathaeus et Casparus, legitimi Caspari Salvadoris et Susana coniugis. Patrimas Johann Khniedl, Patrina Anna Scheberin."

---

[1] Von den Jahren 1614, 1615, 1616, 1620, 1621, 1622, 1623, 1627, 1628, 1629 fehlt jede Eintragung.

Der wahrscheinlich erst zum Priester geweihte Augu=
stiner Hueffnagelio schrieb 1657 ins Taufbuch; „1. meine
Tauf, 2. meine Tauf, 3. meine Tauf," dann setzte er
die Anzahl seiner von ihm vorgenommenen Taufen nicht
mehr fort. [1]

Die Trauungen sind meist lateinisch eingetragen,
mitunter auch deutsch und lateinisch, vereinzelt bloß
deutsch.

1647. „Sponsy Tobias Fily petri Kolb Civis et
Senatoris et Evae uxoris: Sponsa Anna, Filia Kiliani
Schuester, Coriarij et Evae Uxoris. Testes Joannes
paar, Judex Caspary Ruepp, Georgy Schick, Georgy
Paar."

1662, Mai: „Matrimonia iuncti sunt, Georgius
Wagner, Müllner zu Rueberstorff (Ungarn) ein Wittiber
mit Catharina des Michael Peltl aus Kaindorfer Pfarr
vnd Catharina dessen Ehewirtin, beder eheliche Tochter.
Testes ex parte sponsi sunt Jacob Wagner von der
Hartmühl (bei Fürstenfeld) vnd Adam Monschein zu
Rueberstorff ex parte sponsae sunt Georgius Schwab
Senator et Joannes Dietsch, Scribae Civitatis."

1665, 30. September. „Matrimoniali vinculo ligaty
fuit Illmy. D. L. B. Dominy Joannes Ignaty â Kayser-
stein etc. cum Illma-Domicella Maria Elisabetha de
Gehra etc. Assistentes fuerunt Illmi. Dc. Maximi-
liany de Stibich, Franciscy Alberty de Gera etc.

---

[1] Es wurden früher auch Kinder aus anderen Pfarren
zur Taufe gebracht, und zwar aus Burgau, Söchau, Hatzendorf,
Waltersdorf, Altenmarkt und Uebersbach (1618) und aus den
ungarischen Pfarren Eltendorf, Königsdorf und Jennersdorf.

Georgiy Adamy de Dietrichstein et Joannes Christophory de Windischgraetz."[1]

Die Eintragungen im Todtenbuche geschahen ebenfalls bald deutsch, bald lateinisch, vorherrschend aber lateinisch, und erfreuten sich mitunter der größten Kürze.

1613 ist einem armen Binder in der Vorstadt sein Kind begraben worden, genannt Sophia, liegt in dem Friedhof vor dem Stadtthor, „der da nicht sollte geweiht werden".

1613 den 3. März ist des Herrn Andr. Struckl's Weib, genannt Barbara, „vmb 8 Uhr selig entschlaffen vnd den 5. Tag März hernach gar erlich vnd stattlich begraben vnd bestattet worden in Beisein adeliger vnd anderer ansehenlicher Personen."

„Tausent Sechshundert Neun vnnd dreyßigisten Jahrs ist der Schiffer Niel, der Glazkhopff mit seiner Graffschaft gestorben, Gnad im Gott."[2]

1649, 17. November: „Michael Möck, septuagenarij Civis."

1671: „Terrae Tradita fuit Maria die alte Hutterin ex Hospitali."

---

[1] Im Jahre 1663 lag viel Kriegsvolk hier; die Träger des zweierlei Tuches scheinen auch damals bei der Damenwelt bevorzugt gewesen zu sein, denn es wurden im genannten Jahre hier getraut: 2 Soldaten vom Regimente Piccolomini, 3 vom Regimente Spick und 11 von der Landmiliz. Von den Bräuten waren 6 aus Fürstenfeld, 2 aus der Ilzer Pfarre, 1 von Pöllau, 1 von Edelsbach, 1 von Hatzendorf, 1 von Weißenbach (bei Feldbach), 1 aus Kohlgraben (bei Fürstenfeld), 1 aus Wiener-Neustadt, 1 aus Untersteier und eine war ein Soldatenkind, daher ohne Heimat.

[2] Diese Eintragung ist recht merkwürdig. Entweder stand der Pfarrer mit dem „Glazkhopff" auf recht feindlichem Fuße oder war der Schiffer ein geheimer Lutheraner.

1687: „Sindt In Gott Seeliglich Entschlaffen. Andr. Köberl, ein Tagwerker sein Kind. Ein armes Mensch. Ein armes Bettelmensch. Herrn Kunstabler sein Weib. Ein Schuechtknecht. Ein armes Kind." 1688: Deß s. v. Roßhalter sein Kind. Johann Contefor sein Kind. Der Kazenwendlin ihr Dienstmensch. Des Renn= müllers sein Lehrbub. 1690: Ein wälischer Materialist. 1691: G. Mauller sein Roßbub. Ein kleines Kind. 1692: Ein armer Mann, Namens Philipp. Jungfrau N. N. Johannes Gölles, Lederer=, auch Junggeselle. 1693: Ein armer Knecht.[1]

Die Verwaltung des Vermögens der Pfarrkirche geschah durch den Kirchen= oder Zechprobst; die von ihm jährlich zu legende Rechnung wurde vom Comthur und dem Magistrate gemeinsam geprüft.

Die Pfarrkirche besaß Unterthanen, Wald und Wein= gärten; im Anfange des behandelten Jahrhunderts auch zwei Fleischbänke in der Stadt, von welchen jährlich je 24 ℔ Unschlitt als Zins gereicht wurde.

Der Rath verlieh auch im Namen der Bürgerschaft Tituli Mensae. Wenn ein Priester, welcher dasselbe bezog, dienstunfähig wurde, so mußte ihn die Stadt unterstützen oder auch ganz erhalten.

Die Schule. Das Schulhaus war ein kleines, ebenerdiges Gebäude mit einem „Gärtl" und stand un= weit der Pfarrkirche mit der Aussicht in den Friedhof.

---

[1] Von 1708 an wird auch das Alter der Verstorbenen angegeben. Anführungswerth ist: 1711, 4. December ist begraben worden Maria Gruberin, beim Türken 38 Jahre gefangen ge= wesen, 70 Jahre alt.

Der Stadtschulmeister hielt sich zuweilen einen Gehilfen, den er dann selbst besolden mußte. Das Einkommen des Schulmeisters als solcher war gering; seine Haupteinnahme machte er als Organist. Im Jahre 1658 war 1 fl. 45 kr. Schulgeld. Der starke Wechsel der hiesigen Schulmeister beweist, daß diese Stelle nicht die beste war; dazu trug gewiß die unangenehme Situation bei, zwei Herren zu haben: den Comthur und den Magistrat.

Das Schulholz mußten die Kirchenunterthanen zur Schule führen und hacken.

Ueber die innere Einrichtung der Schule läßt sich nichts schreiben, da darüber nichts Geschriebenes vorhanden ist.

Im Jahre 1642 vertauschte der Stadtschulmeister sein Amt mit dem eines Commende-Verwalters, ein Fall, der nicht vereinzelt dasteht; dagegen war im Jahre 1682 im Dorfe Altenmarkt der Schulmeister Georg Schröck zugleich — Messerschmied.

7. Capitel.
Landwirthschaft.

Die gewerbfleißige Bevölkerung beschäftigte sich auch wie heute mit Ackerbau und Viehzucht.

Erzeugnisse des Bodens waren: Korn, Weizen, Gerste, Hafer, Bohnen, Erbsen, Mohn, Heiden, Pfennich, Hirse, Linsen, Kraut, Rüben, Klee, Lein, Safran und seit 1683 auch Tabak. [1]

Obst wurde wenig beachtet, nur die Zwetschke erfreute sich einiger Cultur; dagegen widmete man große Sorgfalt dem Weinbau, der damals hier von größerer Bedeutung war wie heutzutage.

Das Getreide wurde in Schober und Kreuzhaufen am Felde gelegt; dem Zehentherrn stand es frei, in welcher Reihe der Schober er den Zehent am Felde nehmen wollte.

Da erst im 18. Jahrhunderte hier das Grundbuch eingeführt ward, so mußten deshalb alle Raine durch Gehege gebildet sein, damit keine Grenzstreitigkeiten ent=

---

[1] Safran 1635; noch im vorigen Jahrhunderte hieß hier ein Grundstück der Safranacker. Mais und Kürbisse (Plutzer) wurden erst im 18. Jahrhunderte, Hopfen und Kartoffeln erst am Ende des genannten Jahrhunderts angebaut.

standen. Weil ferner auch Pferde, Rinder und Schweine auf die Weide getrieben wurden, Pferde auch in der Nacht, so ergingen vom Magistrate strenge Verordnungen, die „Rhager" zu erhalten, damit das weidende Vieh keinen Schaden anrichtet.[1] Jährlich zu Georgi geschah durch zwei Rathsherren, zwei Gemeinführer, zwei Ausschußmitglieder und zwei Bürger die Besichtigung der „Rhager"; die Geldstrafen, die in Folge dieser Beschau von Richter und Rath gefällt wurden, gehörten den „Rhagebeschauern" zum Vertrinken oder zu ihrer beliebigen Verwendung.

Zu Gehegen durften weder Latten, bei Strafe von 6 ₰ per Stück, noch große Stämme, bei Strafe von 5 fl. per Stück, verwendet werden; es entstanden demnach lebende Zäune, 1659.

Die Pferdezucht war bedeutender wie heute, denn fast jeder Bürger besaß Pferde. Auch waren die Bürger in der eblen Reitkunst wohl unterrichtet: es ritten die Rathsbürger bei ihren auswärtigen dienstlichen Verrichtungen, es ritten die Bürger in Geschäften nach Graz, Wien, Preßburg, Regensburg, Nürnberg, „nach Kärnten hinüber", und nach anderen Orten.[2] Das Pferdefutter nannte man rauhes und glattes Futter.

---

[1] Es ist ein altes Herkommen, daß die Wiesen und Greiter allezeit von Georgi an eingefriedet und eingezäunt sein müssen, 1620. Wer die Zäune bei den Feldern abreißt, kommt in das Narrenhäusl, 1627. Als Berainungszeichen setzte man Eichen, Buchen, Birnbäume, worin man etliche Kreuzlein schnitt; ferner hölzerne Stöcke aus Hartbuchen und Marksteine.

[2] Ich kann nicht umhin, die Kundmachung zur Pferdeprämiirung aus dem Jahre 1786 anzuführen. „Wer das schönste 3½—4jährige Hengstfohlen zu haben glaubt, soll mit

Die Rindviehzucht war gleichfalls von Belang, wie es die vielen vorhandenen Inventuren erweisen. Jener Bürger, der den Stadtstier zu verpflegen hatte, bekam von jedem Bürger einen Laib Brot; zu Zeiten erhielt er als Entschädigung auch eine Wiese zur Benützung zugewiesen, die dann Stierwiese hieß.

In der Mitte des 17. Jahrhunderts war auch die Zucht der Ziegen erheblich, denn im Rathsprotokolle 1662 heißt es: Die Gemein beschwert sich über jene Bürger, welche viele Ziegen und Böcke (manche 15—20 Stück) haben, „die verstunkhen bie halt, daß khein Vieh nach= fressen thuet. Decisio. Wan etwo ein burger zu seiner gesundt (Gesundheit) ein Monath oder zwei ane (eine Ziege) hat, soll Passirt sein."

Die Schweinezucht hielt die gleiche Höhe wie heute; die Schafzucht wurde weniger betrieben (heute hier gar nicht). Die Zucht der Gänse war wieder bedeutender, ebenso auch die Geflügelzucht, denn auch die alten Fürsten= felder speisten gern einen fetten Kapaun.

Der Kuhhirte hatte das ganze Rindvieh der Stadt zu halten, es durfte kein Bürger seine Rinder besonders, durch einen eigenen Hirten, auf die Weide treiben lassen, bei Strafe von 15 kr. per Stück, 1691. Ebenso durfte bei gleicher Strafe bis 14 Tage nach dem Grummet= mähen kein Rind auf die Wiese zur Weide gelassen werden.

---

demselben am 10. November 1786 um 9 Uhr Vormittags oder 3 Uhr Nachmittags nach Graz zum rothen Kreuzwirt auf dem Gries zur Erhaltung des Beschälprämiens pr. 30 Ducaten er= scheinen". Es wurden 5 Prämien vertheilt.

Der Roßhirte bekam als Lohn 15 kr. per Stück. Dem Schweinhirten, Sauhalter, wies man einen eigenen Weideplatz an; auch konnte er in der betreffenden Zeit in den Stadtwald zur Eichelhalt treiben.

Die städtischen Hirten wohnten in einem eigenen Hirtenhäuschen.

Nicht selten kam es vor, daß sich ein Pferd, Rind oder Schwein in ein fremdes Grundstück verlief; da machte der Grundbesitzer kurzen Proceß: entweder pfändete er das Thier oder schoß er es nieder. So decretirte 1662 der Rath: das fremde Vieh, welches in die Felder geht, sei ohne Scheu niederzuschießen.

Schweine und Geflügel liefen frei in den Gässen der Stadt herum, welcher Unfug erst 1789 abgeschafft ward. [1]

Auf die Stadthalt durften die viehbesitzenden Holden oder Taglöhner ihr Vieh entweder gar nicht oder nur gegen Entrichtung einer Taxe treiben. So beschwert sich 1632 die Gemein, daß viele Holden hier sind, die ihr Vieh auf der Stadthalt weiden; jetzt, im Juli, wo es viel Arbeit gibt, gehen sie nach Ungarn und lassen ihre Weiber und Kinder hier. Beschluß: Jeder Hold oder Taglöhner hat für jedes Rind jährlich 24 kr. und für jedes Schwein 2 ß Haltgeld zu zahlen.

Die Bienenzucht war sehr bedeutend, 1633. Es trieben immer einige Bürger Honighandel nach Graz und Wien. Eine Tonne Honig kostete 12 fl. 4 ß, 1620.

---

[1] Für jedes Schwein 30 kr. Strafe, das Geflügel wird jedermann frei (preis) gegeben.

Die Bürgerschaft besaß im Stadtgebiete, in der Feistritz und in einer Lahn das Fischrecht; ferner waren im Wallgraben mehrere Fischteiche angelegt. Die Fische in der Lahn mußten den Rathsherren zu einer „Recompens" abgeliefert werden. Das Fischen in der Feistritz und in den Teichen geschah nur mit Vorwissen des Magistrates; der Erlös des Fischrechtes floß in die Stadtcasse. Jedem Bürger, der ohne Erlaubnis fischte, wurde „stracks" das Bürgerrecht gekündt, 1633. Im Jahre 1627 beschwert sich die Gemein, daß sich viele Tagwerker auf das Fischen verlegen und daher keine Leute zum Arbeiten zu bekommen wären. Rathschlag: Ein fischender Taglöhner zahlt bei der ersten Uebertretung einen Thaler, bei der nächsten kommt er in den Narrenkotter.

Die gezogenen Fische in den Teichen waren Hechte und Karpfen. Die vom Magistrat bestimmte Fischtaxe lautete: 1 ℔ Hecht kostet 9 kr., 1 ℔ Karpfen 7 kr., 1 ℔ Ruten 9 kr., 1 ℔ Barben, Naseln und andere Weißfische 9 kr. Es wurde viel mit Fischen nach Graz gehandelt.

Die Höhe des Taglohnes und die Arbeitszeit der Tagwerker bestimmte jährlich der Magistrat; diese Taxe durfte bei Strafe von niemandem überschritten werden. 1619 heißt es: Bürger, die die Taglöhnertaxe überschreiten und mehr Lohn geben, werden bestraft; Taglöhner, die sich dagegen auflehnen, werden von der Stadt geschafft. Die Dauer der Arbeitszeit war sehr einfach bestimmt; sie lautete: von früh bis auf die Nacht. Taglohn: im Sommer 6 Dreier, im Herbst und Winter

4 Dreier nebst der Kost, 1666.[1] Ledige Knechte und Mägde (Dirnen), die nicht dienen wollten, mußten die Stadt verlassen, 1678.

Alljährlich im August wurde von Richter und Rath die Drescherordnung hinausgegeben. Die Drescher bekamen den Drescherlohn nicht in Geld, sondern in Getreide. So heißt es in der Drescherordnung 1625: Den Dreschern wird heuer das Dreschen um das 15. Viertel gelassen. Jedes 15. Viertel des ausgedroschenen Getreides gehörte den Dreschern.

Zum Schutze der Wiesen in der Nacht wurden Wiesenhüter aufgenommen, welche jedes Vieh pfändeten, das in verbotene Wiesen getrieben ward. Es kam häufig vor, daß Wiesen von Unberufenen in der Nacht gemäht oder abgeweidet wurden.

Das Wiesenflächenmaß war: Mahd oder Fuder; Heu und Grummet wurde nach Fuhren „nach Gesicht" verkauft. 27 Büffinge von 127 Schritten Länge gaben 4 Viertel.

In der Waldwirthschaft giengen die Alten sehr weise vor; sie „zügleten" fleißig ihre Wälder und sorgten so für reichlichen Nachwuchs. Die Fichte, die Föhre und die Eiche, insbesonders diese, waren die hervorragendsten Waldbäume, die gezogen wurden; weniger die Buche.

An den Gewässern setzte man nebst den üblichen Weiden, die auch zum Dachdecken verwendet wurden,

---

[1] Im Jahre 1702 kommt die Beschwerde vor, daß sich etliche Bürger unterstehen, den Taglöhnern beim Tabakhauen des Tages 9, 10, ja 11 kr. Taglohn zu geben; wenn also diese Steigerung fortgeht und nicht abgestellt wird, würde mancher Bürgersmann keinen Tagwerker „überkommen" können. Rathschlag: Soll öffentlich publicirt und bei Strafe verboten werden.

(Deckweiden, 1656,) auch gern Erlen und Eschen. Bei wichtigen Rainen, insbesonders wo der Landgerichtsbezirk oder der Stadtgrund an den Nachbar grenzte, pflanzte man Eichen oder Buchen.

Das Streurechen im Walde scheint nicht üblich gewesen zu sein; ich fand darüber im Stadtarchive nicht die geringste Andeutung. Dagegen war den Bürgern die „Blumensuche" erlaubt, das ist das Schneiden des Waldgrases mit der Sichel oder das Weiden im Walde.

Aus dem Stadtwalde erhielt der Bürger das Holz vom Magistrate angewiesen; dagegen wurde das gewonnene Holz und „Staubach" von den Bäumen an den Gewässern nie unentgeltlich überlassen, sondern verkauft, wobei die Rathsherren bezüglich des Kaufpreises einen Vorzug genossen.

Anhang. Die Bürger besaßen das Jagdrecht auf den der Stadt eigenthümlichen Gründen, welches Recht ihnen aber von den Herrschaften, insbesonders vom Johanniter= comthur, oft streitig gemacht wurde, „denn das Repphühner fangen gebühre nur den Cavalieren", heißt es 1670. [1]

Das Jagdwild bestand in Rehen, Hasen, Wild= schweinen, Reb= und Haselhühnern, in Schnepfen, Wach= teln und Kronawett=Vögeln. [2]

---

[1] Comthur Niclas Graf Gaschin klagt 1634 den Fleisch= hacker Kaspar Ruepp, daß er auf einer Wiese einen Rehbock geschossen, was der Graf als eine ihm angethane Gewalt erklärte und auf 200 Goldbucaten astimirt. Ruepp vertheidigt sich, daß er den „geklagten Gewalt nit geständig, der Herr Commen= dator hat kein Jus oder Reisgjait auf gemeiner Statt Wismaten, inmaßen derselbe dan keinen einzigen Burger, was die Kugel auf diese Orten fangen kann, verwehren kann." Abschied: Der Beklagte ist von der angestellten Klag ledig und müßig erkannt.

[2] Ein Paar Rebhühner kosteten 24 kr., ein Kronawett= vogel kostete 2 kr.

8. Capitel.

Handel und Gewerbe.

Der hiesige Handel beschränkte sich auf den Handel mit ungarischem Weine nach Obersteier (z. B. nach Schladming, 1643), mit Honig nach Graz und Wien, mit Wildbret und Fischen nach Graz und mit Schlachtvieh aus Ungarn nach Graz und Wien.

Die Stadt genoß das uralte Recht, ungarische Eigenbauweine zollfrei einführen, um damit Handel treiben zu können. Die umliegenden Herrschaften wollten dies Recht abbringen und setzten es 1668 durch, daß der landschaftliche Ueberraiter Wolf Ehrenreich Winter den Befehl überbrachte, daß der Stadtrichter hier alle ungarischen Weine „verarrestiren lasse", es würde sonst daraus eine „große Sach" entstehen. Der Rath aber beschloß, weil es in ihren Freiheiten und in der Landhandfest, läßt sich der Magistrat das Kaufen und Hereinführen von ungarischen Weinen nicht wehren. Als im folgenden Jahre derselbe Ueberraiter vermöge eines Landschaftspatents alle ungarischen Weine hier pfänden wollte, gestattete dies der Magistrat nicht trotz aller Drohungen.

Der Wein wurde nach Startin, Eimern und Achteln verkauft.

Solange Fürstenfelder mit Wildpret nach Graz handelten, mußten sie dem dortigen Stadtrichter jährlich zu Neujahr 1 Reh und ein Paar Rebhühner statt jeder Gebür reichen.

Die hiesigen Kaufleute, deren 2—3 waren, bezogen einzelne Waarensorten nicht nur von Graz, sondern auch von Wien und Nürnberg; Sensen und Sicheln von Obersteier (Bruck und Rottenmann). Sie besuchten mit ihren Waaren die Jahrmärkte in Fehring, Feldbach, Gleisdorf, Riegersburg, Hartberg, Radkersburg, Pettau, Graz, Aspang, dann St. Gotthard, Körmend, Rechnitz, Güssing, Oberwarth, Güns und Oedenburg in Ungarn. Jene, welche von hier die ungarischen Jahrmärkte als Verkäufer beschickten, mußten dort am Markte das Dreißigste ihres Erlöses entrichten, 1674.

In der 1. Hälfte des 17. Jahrhunderts siedelten sich hier mehrere italienische Händler an, so daß die ganze Bürgerschaft gegen sie auftrat und keinen „wälischen" Händler als Bürger mehr aufnahm; im Jahre 1669 wurden von der Regierung die „wälschen Trager" verboten. [1] Hier wurden folgende italienische Händler ansässig: del Mor (Delmor), dell Ott, Mores, Temporell,

---

[1] 1668 werden die Waaren zweier wälischen Krämer auf das Rathhaus genommen, weil sie gegen das Geihandelspatent handelten. Weil sie von dem Patent nichts wußten, so ließ man sie ohne Strafe ziehen und gab ihnen ihre Waaren zurück; doch sollen sie sich gegen den Magistrat einstellen. Der Stadtrichter bekam von jedem Krämer ein Paar Strümpfe und die Rathsherren zusammen 5 fl.

Tonelli, Liscutin, de Gabrielis, Salvator und Stalnova; letzterer verdeutschte seinen Namen in Steinlöffel.

Das Waarenlager eines Stadtkrämers bestand 1620 aus folgendem: 18 ℔ Pfeffer 20 fl. 2 ß., [1] 8 ℔ Ingwer 3 fl., 1 ℔ (Gewürz) Nägelein 2 fl. 4 ß., 2 ℔ Muscatblüte 5 fl. 1 ℔ Muscatnuß 1 fl., 4 ℔ Alaun 6 ß 12 ₰. Allerlei Knöpfe 2 fl., 15 ℔ Seife 3 fl., 2 Stückl Grosp (?) grün 12 fl., „Mesalan" und Augsburger, 4 Nägelein, zusammen 7 fl., 10 Loth Safran 5 fl., 6 Ellen Bettbarchent 3 fl. 6 ß. „Spinnott" und schwarze Leinwand, 1 Stück 6 fl., Harastene Schnür 2 fl. 4 ß., 1 Rest Hosenbänder. Schwarze Leinwand und „Paßaman" 3 fl., 14 Ellen krainerische Leinwand 3 fl. 4 ß., 11 Ellen apparstene Leinwand 1 fl. 3 ß., 18 Thonester (?) 1 fl. 1 ß. 1 ₰, Zopfen, Nesteln, Borden 4 fl. Allerlei Messer 7 fl., Hafteln und Nadeln 6 fl., Karten 1 fl. 2 ß., Kämme 1 fl. 6 ß., Bürsten 4 ß., Assang und Fischangeln 4 ß., Schwefel 2 fl., Kupferwasser 4 fl., Tischlerleim 3 fl., Feuerstein 4 ß., 10 Ellen Zwilch 1 fl. Wienerische und böhmische Schleier. Arragonischer und französischer Safran. 20 Loth Kaffee 2 fl. 2 Loth Speik 12 ₰.

Im Jahre 1641 bittet der Magistrat die Regierung, daß diese hier und in Feldbach eine Salzlegestätte errichte, damit die Ungarn nicht Ursache hätten, türkisches Salz zu kaufen, sondern daß sie mit Ausseer Salz handeln. [2]

---

[1] Der beigesetzte Betrag ist der Schätzungswerth, da die angeführten Gegenstände einer Inventur entnommen sind.

[2] Damals cursierende Münzen waren: Einfache und Doppelducaten, einfache und doppelte Reichsthaler, Thaler, alte böhmische Groschen, Pfundner, Kreuzer, alte Batzen, halbe Batzen, Grazerische Groschen, „Martzellen". Die schlechte Münze wurde

Die hier abgehaltenen Jahrmärkte unterschieden sich in gewöhnliche und Freikirchtage; an letzteren war das Verkaufsrecht ein unbeschränktes, d. h. es konnten an freien Kirchtagen Gewerbetreibende aus allen Orten hier ihre Waaren feilbieten, während an gewöhnlichen Kirchtagen Gewerbetreibende nur aus bestimmten Ortschaften den Markttag als Verkäufer besuchen durften. Für Händler und Krämer galt diese Beschränkung des Verkaufsrechtes nicht.

Acht Tage vor einem Freikirchtage wurde am Rathhause die Freiung ausgesteckt; diese bestand in einer hölzernen Hand, die ein Schwert hielt, rechts und links flatterte ein weißgrünes Fähnlein. Ferner wurde acht Tage vorher der Freikirchtag von der Kanzel verkündet und am Rathhausthore war zu lesen, an welchem Tage dieser Kirchtag gehalten wird, 1634. Bei gewöhnlichen Kirchtagen wurde die Freiung einen Tag vorher ausgesteckt.

Die Jahrmärkte wurden auch an Sonn- und Feiertagen abgehalten; dann begann die Verkaufszeit erst nach dem Hochamte. Einen Tag vor dem Jahrmarkte wurde durch die Rauchfangbeschauer die Rauchfangbeschau vorgenommen; jeder Hausbesitzer mußte am Kirchtage vor seinem Hause einen mit Wasser gefüllten Bottich stellen.

Am Jahrmarkttage bezog je eine Rotte Bürger, 1 Rottmeister und 4 Mann, die Stadtthore, wo jeder Besucher des Jahrmarktes vor dem Kirchtagläuten derselben ein Geldstück, den Wachgroschen, zu reichen hatte, welchen die Wache beliebig verwenden konnte, ihn aber gewöhnlich

---

„lange Münz" genannt, 1625. Währung hieß die Bezahlung mit Getreide, Wein 2c., aber nicht mit Geld, 1683. Ein Gulden rheinisch = 60 kr. = 15 Batzen.

vertrank, 1619. Am Marktplatze schlug man eine Wach=
hütte auf; dort stand die Marktwache, auch aus Bürgern
bestehend, mit einem „Pfeiffer und Trumbelschlager",
die von der Stadt entschädigt wurden.[1] Von der
Wachhütte aus und durch das Kirchtagläuten wurde der
Beginn des Vor= und Verkaufsrechtes verkündet; dort
befand sich der Stadtwachtmeister, der mit den Wachen
Ruhe und Ordnung aufrecht erhielt.

Jeder auswärtige Verkäufer mußte ein Standgeld,
auch Aufschlagsgroschen genannt, entrichten; die Hälfte
davon bekam zu Zeiten der Stadtrichter; auch den Ein=
nehmern dieses Geldes wurde davon etwas „verehrt".[2]
Das Hausieren an Markttagen war verboten, weil dadurch
das Standgeld geschmälert ward, 1633.

Die Jahrmärkte wurden sehr besucht, wobei die
Bürger ihre Rechnung fanden. Daß auch Taschendiebe
und andere „schlechte Leut" sich einfanden, ist selbstver=
ständlich; doch wurden mit ihnen und mit solchen, die
sie beherbergten, kurzer Proceß gemacht. So heißt es 1630:
Der Thürhüter hat am letzten Kirchtag „schlimme Leut"
beherbergt, die haben „gejuzt und gesprungen". Der
Thürhüter verlor deshalb sein Freiquartier.

Am Tage Johannes des Täufers war hier die
größte Kirchtagsfreiheit; wer an diesem Tage jemanden
im Raufhandel verletzte, mußte 32 fl. oder die rechte
Hand hergeben, 1689.[3]

---

[1] Jeder bekam an jedem Kirchtage 15 kr., der Tambour
war sogar von der ordinären Steuer befreit.

[2] Im 18. Jahrhunderte mußte auch ein „Ellengeld" gezahlt
werden, was 1784 von der Regierung abgeschafft ward.

[3] Weil an Freikirchtagen der Besuch der Märkte am

Mit jedem Jahrmarkte war auch ein Viehmarkt verbunden.

Zu Pestzeiten, „bei großer Sterb" oder „bei Vieh=unfall" wurde das Abhalten von Märkten vom Magistrate eingestellt, wovon man die umliegenden Ortschaften schriftlich verständigte.

Folgende Gewerbe waren hier vertreten: Schuh=macher; Schneider; Tischler; Leinweber; 1 Färber; 1 Messerschmied; 1 Kotzenmacher; 1 Wagner; 1 Büchsen=schiffter; 1 Maler; 2 Lebzelter; 1 Müller; Maurer; 1 Zuckerbäcker; Zimmerleute; 4 Hafner; 2 Sattler; 1 Glaser; 2 Lederer (1622 ein „Carbaboner", Corduan=ledererzeuger [1]); Hutmacher; Binder; Löffelmacher; Drechsler; Kammacher; 1674 ein Seifensieder; 1 Brauer; 3 Bäcker; 3 Fleischhauer; 1 Apotheker, der aber nicht lange dablieb; 1675 10 Gastwirthe; 1 Bader; dieser besaß eine Badstube, durfte „kröpfeln", schröpfen, aber=lassen, curiren, clystiren und barbiren.

Anmerkung. Die Zunftartikel der verschiedenen Gewerbe werden nicht angeführt, weil sie einestheils an allen Orten ziemlich gleichlautend waren und andertheils dem Zwecke dieses Buches nicht entsprächen.[2]

Der Wirth. Es gab hier ausschließlich nur Wein=wirthe, der Brauer allein schenkte Bier aus; ein Wirth

---

stärksten war und sich auch viel Gesindel hier einfand, so traf man auch an solchen Tagen die strengsten Maßregeln für die Sicherheit des Lebens.

[1] Wahrscheinlich ein Zurichter für Corduanleder bei einem Lederermeister.

[2] Alle Zunftartikel der Innungen in Fürstenfeld sind in meiner Chronik angeführt.

durfte nur ein Gastgeschäft ausüben, 1669. Alle Maß=
geschirre der Wirthe mußten mit dem städtischen Merk=
zeichen versehen sein; waren ihre Kannen nicht maßhältig,
wurden diese von amtswegen zerschlagen. Selten hatten
die Gasthäuser Schilder mit Namen: der ausgesteckte
Buschen zeigte den Weinausschank an. Im Jahre 1666
bittet ein Gastwirth den Magistrat um die Bewilligung,
daß er eine Wirthstafel mit einem goldenen Hirschen
aushängen darf. Rathschlag: Fiat und fleißig Tax zahlen.

Im Jahre 1668 regelte der Magistrat den Wein=
ausschank in folgender Weise: Es dürfen nur zwei Wirthe
in der Stadt und ein Wirth in der Lederergasse (eine
Vorstadt) zugleich Wein ausschenken. Trifft einen Wirth
die Reihe und er will nicht ausschenken, so hat er nicht
Macht, es einem anderen zu übertragen, sondern es geht
dann in der Zeile (Reihe) fort. An Kirchtagen aber
haben alle Wirthe das Recht, Wein zu „leidtgeben", und
es tritt nach dem Kirchtage nicht eher die bezeichnete
Ordnung wieder ein, bis nicht bei jedem Wirthe die
übriggebliebenen „Naglen" ausgetrunken sind. In dem=
selben Jahre beschloß die Gemein: Wenn ein Wirth einen
„schrießen" (sauren) Wein ausschenken thut und damit
die Leut nöthigen wollt', so soll ihm der Wein taxirt
werden.

1630 war ein gutes Weinjahr; deshalb wurde am
4. October beschlossen, bei Strafe keinen Wein höher
„leidtgeben" zu lassen, es sei was für eine Sorte immer,
als das Viertel ($\frac{1}{4}$ Maß) um 3 kr.

Damit ein Geld der Stadt zu Nutzen gebracht
werde, befahl 1655 der Rath, es soll am Augustini=

Kirchtag (hier der größte Jahrmarkt) in drei Tagen: einen Tag vor und einen Tag nach demselben, kein Wirth den Wein unter 6 ₰ ausschenken.

Nach geläuteter Sperrglocke und nach 8 Uhr Abends durfte kein Wein mehr ausgeschenkt werden, 1620; im Jahre 1678 wird den Wirthen aufgetragen, daß sie nach 9 Uhr keinen Wein mehr ausschenken, auch Knechte, Dirnen und „anderes gesindt" nicht aufhalten sollen.

Aus Wein= und Biergeläger brannten die Wirthe Branntwein. [1]

Der Brauer. Da wenig Bier getrunken wurde, so war dies Gewerbe damals ein minder einträgliches; als Beweis hiefür mag gelten, daß im Jahre 1689 der hiesige Brauer auch das Wetterschießen besorgte, wofür er von der Stadtcasse jährlich 2 fl. Entlohnung bekam. Im Jahre 1678 ward im hiesigen Zeughause das fried= liche Geschäft des Bierbrauens betrieben.

Der Bäcker. Man unterschied „Mittelbäcken" und Bäcker. [2] Erstere konnten in ihren Häusern „feil= backen", durften aber das Brod zum Verkaufe nicht ins Fenster legen, denn sie besaßen nur das Recht, ihr Ge= bäck beim Ausschenken ihres Weines und außerhalb der

---

[1] Daß Wirthe auch damals Wein mit Wasser „stärkten", beweist folgender Fall: 1626 verkaufte ein Wirth einem Bürger einen Startin Wein und goß Wasser zum Wein. Bei Gericht gestand der Wirth sein Unrecht: „ain, 2 oder 3 Viertl waßer Khünen nit schaden in den wein hinein zu fillen, darauf der Pueb ain Klaineß Schafft waßer hin Zuegetragen habe vnnd er soliches hinein gefüllt."

[2] Bei den Müllern gab es „Drittelmüller". Diese waren eine Art Pächter, zahlten aber keinen Pacht; der dritte Theil des Erträgnisses der Mühle gehörte ihnen, wofür sie die ganze Arbeit eines Müllers versahen.

Stadt zu versilbern. Die anderen Bäcker, welche im Verkaufe ihres Gebäckes unbeschränkt waren, waren allein schuldig, den jährlichen Gottesdienst (am Maria Himmelfahrtstage) zu halten; ein solcher Bäcker durfte bei Strafe „der Schuepfen" keinen Wein ausschenken, 1627.

Das Gewicht und der Preis des Gebäckes wurde von Zeit zu Zeit vom Magistrate festgesetzt; diese sogenannte Bäckerordnung mußte in dem Brodladen des Bäckers angebracht sein.

Die Bestimmung der Bäckerordnung ist aus folgendem Beispiele zu entnehmen.

Marktpreis des Weizens per Metzen . .	2 fl.	30	kr.
„ „ Kornes „ „ . .	1 „	30	„
3 Theile des Weizens betragen somit .	7 „	30	„
1 Theil des Kornes beträgt	1 „	30	„
Zusammen	9 fl.	—	kr.

Durch 4 dividirt, so ergibt sich die Brodtaxe mit 2 fl. 8 Groschen; deshalb muß, weil die Brodtaxe 2 fl. 8 Groschen ausmacht, das Semmelteiggebäck, und zwar per 1 kr. 11 Loth, per 2 ♂ 5 Loth und 2 Quintl, per 1 ♂ 2 Loth und 3 Quintl, das Pollteiggebäck per 1 kr. 15 Loth, per 2 ♂ 7 Loth und 2 Quintl, per 1 ♂ 3 Loth und 3 Quintl, das Oblaßteiggebäck per 4 kr. 2 Pfund 16 Loth 9 Quintl, per 2 kr. 1 Pfund 8 Loth, und per 1 kr. 20 Loth wiegen.[1]

Vor dem Jahre 1627 verkauften die Bäcker ihr Gebäck nur in dem in ihrem Hause befindlichen Ver-

---

[1] Dieses Beispiel stammt aus dem 18. Jahrhunderte; der Modus war der gleiche, wie der des 17. Jahrhunderts.

laufsgewölbe; von dem genannten Jahre an errichteten die hiesigen Bäcker einen gemeinschaftlichen Brodverkaufsladen am Platze und besoldeten einen Brodsitzer. Dieser erhielt vom Stadtrichter den Auftrag, „das er nicht einen (Bäcker) zu lieb, dem andern zu leid verkaufen soll." [1]

Die Arten des Gebäckes hießen: Pfennigbrezen (seit 1620), Pfennigsemmel (erst seit 1641), geflochtene Strizeln, die aber im Jahre 1633 (wie in Graz) bei einer Strafe von 2 Reichsthalern abgeschafft wurden, die heiligen Strizeln, die „Osterflögn" (Osterflecken, Osterbrode in runder Form, oben eingestochen), Batzenlaibe, Zweikreuzerlaibeln.

Mit dem Bretzenbacken wechselten jährlich die Bäcker, Roggenbrod buk wöchentlich der Reihe nach ein anderer Bäcker.

Die vom Magistrate bestellten Brodcommissäre untersuchten von Zeit zu Zeit den Brodladen und wogen das Gebäck nach; das zu leicht befundene Gebäck verfiel dem Spitale, 1620. Im Jahre 1678 buken zwei Bäcker das Brod um 6 Loth zu gering. Rathschlag: Der Stadtrichter soll beide der Observanz nach um jedes Loth mit einem Thaler abstrafen. Klagen über schlechtes und zu leichtes Gebäck standen übrigens auf der Tagesordnung.[2]

---

[1] Dieser Brodsitzer verkaufte auch Fleisch und Würste, was die Bäcker im 18. Jahrhunderte abstellten.

[2] Der Bäcker Knabl buk das Batzenbrod zu leicht und benahm sich ungehorsam gegen den Stadtrichter. Rathschlag: Obzwar derselbe in eine ziemliche Geldstrafe zu ziehen wäre, weil er aber ohnedies ein „armer Deifl" ist, also solle ihm solches dermalen verwiesen, aber bedroht werden, daß, wenn künftig das geringste bei ihm befunden wird, so soll er auch andern zum Exempel öffentlich mit einem Laib Brod am Hals ausgestellt werden, 1696.

Von jedem Viertel Getreide, das der Bäcker auf der Mühle mahlen ließ, entrichtete er wie vor Alters her 1 kr. Beutelgeld.

Der Fleischer. So wie den Bäckern, wurde auch den Fleischhauern vom Magistrate von Zeit zu Zeit die Fleischtaxe, Fleischerordnung, gegeben. Die aus dem Jahre 1625 lautete: 1 ℔ Rindfleisch 10 ₰, 1 ℔ Kuh= fleisch 8 ₰, 1 Kalbskopf sammt den 4 Füßen 18 kr., 1 ℔ Lämmernes 5 kr., das Reisl unzertheilt 1 ß, 1 ℔ ausgelassenes Unschlitt 1 ß, 1 ℔ unausgelassenes Unschlitt 6 kr., 1 Ochsenzunge 9 kr., 1 ℔ Schweinefleisch 9 kr., 1 ℔ schlechteres Schweinefleisch 7 kr., 1 ℔ Kalbfleisch 4 kr., Würste, 5 auf 1 ℔, 2 kr.

Die Fleischhauer schlachteten das Vieh und ver= kauften das Fleisch in den vier städtischen Fleischbänken in der Nähe der Pfarrkirche; für die Benützung einer Fleischbank zahlte der Fleischhauer jährlich 3 fl. und er mußte außerdem dem Stadtrichter jährlich 4 Ochsenzungen reichen.

In der Mitfastenwoche berief der Magistrat alle Fleischhauer auf das Rathhaus und fragte sie, ob selbe zu Ostern schlagen wollen, wobei ihnen die Taxe gegeben wurde. Auch die Fleischhauer schlugen der Reihe nach; jeder hatte eine „Schlagwoche". Nur zu Ostern und wenn viele Soldaten bequartirt waren, wich man von dieser Ordnung ab. Im Jahre 1684 war ein Soldaten= fleischhacker hier.

Bis zum Jahre 1678 existirte hier eine Geifleisch= bank; der Geifleischhacker durfte das Fleisch nur außer= halb der Stadt und in Ungarn versilbern.

Jeder Fleischhacker war verpflichtet, so oft er ein Vieh schlachten wollte, dies den Fleisch-Commissären anzuzeigen, worauf es besichtigt und taxirt wurde.

Kein Bürger war berechtigt, Fleisch außerhalb der Stadt zu kaufen und dasselbe in sein Haus zu bringen; im Falle sich dies aber einer „gelusten ließe", heißt es 1636, so soll nicht allein das Fleisch dem Spitale verfallen sein, sondern er erhält dazu noch eine besondere Strafe. Die Bauern trugen gleichwohl zum Verkaufe Kälbernes in die Stadt; doch wurde von ihnen der Fleischaufschlag begehrt.

Da zu Ende des 17. Jahrhunderts in der Stadt niemand die Seifensiederei betrieb, so versahen die Fleischhauer das Publicum mit Unschlittkerzen; das ☊ Kerzen kostete 7 kr.[1]

Häufig beschwerten sich die Fleischhauer über die ihnen gegebene Fleischtaxe und weigerten sich, nach derselben Fleisch auszuhacken. Der Magistrat ließ in einem solchen Falle den Zechmeister „solange ins Loch stecken", bis sie nach der Taxe verkauften. Mitunter bestimmte die Regierung die Fleischtaxe; sie wurde hier fast immer gleich mit jener in Graz gegeben.

Sowie die Bevölkerung immer über die Bäcker klagte, so geschah dies auch über die Fleischer. Zu wenig Fleisch und zu viel Knochen, — das schlechte Vieh schlagen sie hier, das bessere verkaufen sie nach Graz oder Wien, lauteten die Klagen.

---

[1] 1696 beschwert sich die Gemein über einen Fleischhacker, daß er so kleine Kreuzerkerzen um 6 kr. gibt, von denen bei 17 oder 18 auf 1 ☊ gingen, „was wider Gott und der Regierung Befehl sei."

Die hiesigen Fleischhauer handelten mit Schlachtvieh, welches sie in Ungarn kauften, oft bis zu 40 Stück auf einmal, und das sie an die zwei genannten Städte weiter verhandelten.

Auch die H a f n e r mußten ihre Waaren, außer an Kirchtagen, nach einer vom Magistrate bestimmten Taxe verkaufen; es gab 3 kr. und 3 ₰ Geschirre. Sie waren hier nur auf „gemeine Arbeit" eingerichtet. So ließ man z. B. bessere Oefen von starken Kacheln aus Graz bringen, da die hiesigen Hafner solche nicht machen konnten.

Das Meisterstück der Hafner bestand darin: 2 Häfen machen, jedes eine Elle hoch und mit ihrer gerechten Weite; das eine soll haben „einen runden prath, das andere einen flachen und auf solchen Häfen einen gerechten Sturz oder Hafendeckel". Ferner einen Knopf, so man auf ein Dach braucht, mannshoh, darauf einen Spitz, so hoch, als ein Mann mit der Hand „mag ausreichen."

Die Z i m m e r l e u t e, die oft mit den Tischlern in Streit geriethen, weil sie unberechtigt auch „geschlossene und geleimte" Arbeit verrichteten, indem ihnen doch nur „genagelte" Arbeit gestattet war, erhielten gleichfalls vom Magistrate die Arbeitstaxe. Die Taxe vom Jahre 1626 lautete: ein Mann erhält per Tag 5 halbe Groschen; im Jahre 1668: ein Mann erhält per Tag 15 kr. Die Taxe der M a u r e r bestimmte für einen Mann per Tag 21 kr., 1668. Der W a g n e r stemmte, wenn er ein Rad machte, in dasselbe seinen Namen hinein. Wenn ein S c h n e i d e r einem Bürger ein Kleid verdirbt, so soll ihm dasselbe vom Zechmeister der Zunft bezahlt werden, so lautet ein Rathsbeschluß vom Jahre 1640.

Sobald eine Innung vom Monarchen ihre Zunft=
artikel bestätigt erhielt, wurden diese durch den Stadt=
richter der ganzen Bürgerschaft kundgemacht.

Bis zum Jahre 1781 gab es hier keine Greisler;
jeder Bürger war berechtigt, das entbehrliche „Greisl=
werk" zu verkaufen.

Ein Herr von Liscutin errichtete hier im Jahre 1683
als Tabak „Apaldo" Pächter eine T a b a k f a b r i k; der=
selbe führte auch den Tabakbau hier ein. [1]

---

[1] Man konnte nur vom Tabak-Apaldo Tabak kaufen; für
jeden Centner geschwärzten Tabak zahlte man 10 fl. Strafe.
Einst verlangten die Tabakvisitatoren vom Magistrate das Recht,
bei den hiesigen Kaufleuten visitiren zu dürfen. Rathschlag:
Das Visitiren wird verwilligt; jedoch kann man die Kaufleute
unter der Hand vermahnen, da zum Fall sie mit ungarischem
Tabak handeln, daß sie solchen beiseits nehmen und nicht in
eine Bestrafung kommen möchten, 1689.

9. Capitel.

Das Steuerwesen.

Von den Behörden in Graz wurde jährlich durch das Steuerpatent dem Rathe die Steuersumme bekannt geben, welche die ganze Stadt zu leisten hatte.

Im 17. Jahrhunderte gab es folgende Steuern: 1. Die ordinäre Grund= oder Haussteuer.[1] 2. Die Leib= steuer. 3. Die Gewerbesteuer; diese von 1669 an. 4. Der Taz, auch Trankkreuzer und Zapfengefäll genannt, eine Verzehrungssteuer. 5. Der Mühlaufschlag. 6. Die Kriegs= steuer.[2] Dazu kamen noch in gewissen Zeiten: Die doppelte Leibsteuer, die vierfache ordinäre Steuer, die Rauchfangsteuer, der doppelte Zins= und Interessen=Gulden, der Fleischkreuzer, eine Vermögenssteuer, der Beitrag zum Hochzeitspräsent des Monarchen und außerordentliche Umlagen auf Wein, Bier, Branntwein, Most und Meth.

---

[1] Auch jene, welche kein Haus oder Grund besaßen, zahlten zu Zeiten diese Steuer.

[2] Im Jahre 1621 hieß die Kriegssteuer Schillinggebür, weil man von jedem Steuergulden monatlich noch einen Schil= ling zahlen mußte.

Nebst der Steuer lastete aber auch noch auf gewissen Gründen der Zehent, den man entweder in natura oder in Geld reichte. [1]

Mehrere steirischen Städte und Märkte bildeten eine Verbindung, Communität, zur Wahrung der Interessen der Mitglieder sowohl gegenüber der Regierung als wie auch der Landschaft; die Kosten der Communität trugen die derselben incorporirten Ortschaften.

Richter und Rath hatten nun die schwere und recht undankbare Aufgabe, die vorgeschriebene Steuersumme von der Bürgerschaft einzubringen. Fast in jeder Rathssitzung klagt der Stadtrichter über das säumige Steuerzahlen und über die großen Steuerausstände. [2]

Alljährlich am Freitag nach Allerheiligen, nach dem „Ruebenkirchtag", versammelte sich nach altem Gebrauche Richter und Rath, um die Steuer anzuschlagen. Der Steueranschlag geschah zuerst für die ordinäre Steuer, nach dieser erst wurden die anderen Steuern jedem Bürger oder Inwohner bestimmt. Das dadurch verfaßte Steuerregister schrieb die Steuer für das kommende, manchmal auch für das abgelaufene Jahr vor. Damit kein Rathsherr vor der Kundmachung des Steuerregisters etwas davon verlautbarte, wurde eine Geldstrafe gesetzt, 1635 z. B. 4 Reichsthaler. Vor der Steuervorschreibung ermahnte der Stadtrichter, daß niemand bei Anschlagung

---

[1] Es gab aber auch Gründe, die von jeder Unterthänigkeit und Steuer, jedem Zins und Zehent, jeder Robot und jeden anderen Auslagen ganz los und frei waren; sie hießen Freigründe oder Freiäcker.

[2] 1667 geht der Stadtrichter mit dem Stadtkämmerer von Haus zu Haus Steuer eintreiben.

der Steuern „Freundschaft oder Feindschaft ansehen wolle."

Das Steuerregister wurde gewöhnlich am 2. Jänner jeden Jahres den Bürgern mitgetheilt, wobei es immer recht laut herging, weil jeder glaubte, eine zu hohe Steuer zahlen zu müssen. Insbesonders waren jene Bürger sehr erbost, deren Steuer erhöht wurde. Die Steuererhöhung hieß „gesteuert". Da rief mancher unbedacht aus: „Wer ihn gesteuert, ist ein Schelm und Diepp! Wenn er es wüßte, der es gethan, den würde er erschießen!" Auch äußerte einmal ein „Gesteuerter" den Wunsch: „Der ihn gesteuert, dem sollen die Augen ausrinnen!" Solche Schmähungen des Rathes endeten mit empfindlicher Bestrafung des Schmähenden, wodurch er sich selbst „gesteuert".

Führte ein Bürger wegen Steuererhöhung gegen den Magistrat Klage, so wurde von diesem ein unparteiischer Richter ernannt, gewöhnlich ein Stadt- oder Marktrichter aus der Nachbarschaft.

Die Zahlungstermine zur Entrichtung der Steuern waren: Der erste zu Lichtmeß, der zweite zu Philipp und Jacobi und der dritte zu Jacobi.

Daß diese Termine nicht eingehalten, daß sie verlängert wurden, daß es Steuerrestanten genug gab, braucht wohl nicht weiter erwähnt zu werden. Doch übte der Magistrat die größte Nachsicht gegen seine Bürger, er wartete solange mit Steuerstrafen, bis sich der landschaftliche Pfänder ankündete.

Strafen für säumige Steuerzahler waren: Wer nicht zahlt, geht solange in Arrest, bis er zahlt. Es

werden ihm Keller und Kasten verpetschirt. „Gregor
Rueß bei 10 Thaler Straf das Traidt" auf dem Felde
wegzuführen bis zur Steuerzahlung verboten, 1627.
Die Steuerrestanten sollen die nächsten Reiter ins Quartier
erhalten, 1633. Wer seine Steuer nicht zahlt, dem wird
das Getreide und der Hafer auf dem Felde genommen,
ein Beschluß im Jahre 1625. Die, welche den aus=
ständigen Grundzins nicht zahlen und sich weigern, dies
zu thun, denen soll der Grund weggenommen werden,
1621.

Der Magistrat lieferte die vorgeschriebene Steuer=
summe ratenweise nach Graz ab, ohne Rücksicht, ob
jeder Bürger seine Steuer entrichtet hatte; die Restanten
blieben ihre Steuern der Stadt und nicht dem Staate
schuldig.

Mitunter gerieth aber Richter und Rath in die fatale
Lage, die Steuersumme nicht aufbringen zu können;
dann drohte die Regierung mit der Pfändung. Uebrigens
entwickelte diese Behörde gleichfalls eine Riesengeduld
und sandte erst im äußersten Falle den Pfänder. Wie
arm die Stadt an Geld war, erweist folgender Fall:
Im Jahre 1620 droht der Hofkammerpräsident wegen
Steuerschuld mit der Execution. Beschluß des Rathes:
„Weil die Notturft erfordere, solliche (Execution) müglichst
abzuhelfen, Mitl vnd Weg zu suchen, ob man Etwo
Bey einem Guetten Man khunte 100 fl. zu leihen auf=
bringen, damit man den Abgesandten khunte entgegen
gehen vnd etwas an den Steuern abrichten." Im Jahre
1642 verkauft der Magistrat aus Geldnoth einen Spital=
acker und einen anderen Acker, um den Steuerausstand

zu bezahlen. Im Jahre 1668 wurde von der Regierung wegen Steuerschuld der Stadtwald gepfändet und der Commende-Verwalter mit der Inspection über dieses Pfandstück betraut. Ohne Erlaubniß desselben durften die Bürger kein Holz aus dem eigenen Walde führen, ein harter Schlag für die Bürgerschaft, die erst vier Jahre früher das Donnern der Türkenschlacht bei Moggersdorf vernahm und die infolge der ungeheueren Kriegslast ganz verarmte.

Der Waldinspector verlangte von der Stadt das Satzrecht, d. h. eine Entschädigung für sein aufhabendes Inspectorat.

Die Steuer konnte dem Magistrate auch in Weizen entrichtet werden; derselbe verkaufte denselben an die Bäcker, welche ihn kaufen mußten. Mittelbäcker dürfen solange, bis das „Steuertreid nicht aufbacken ist", nicht backen, heißt es 1669. Auch wurden die Steuern durch Verrichten von verschiedenen Arbeiten für die Stadt abgedient.

Jeder, dem sein Haus oder Hof abbrannte, war zwei Jahre steuerfrei, „wie gebräuchlich", 1684.

Oftmals sah sich der Magistrat genöthigt, einzelnen Bürgern ihre Steuer entweder theilweise oder ganz zu erlassen, weil manche nichts zahlen und wegen Gebrechen nicht „abarbeiten" konnten; es gab Bürger, welche von 20 Jahren her mit ihrer Steuer im Rückstande waren.[1]

Im Jahre 1632 weigerten sich die Bürger, ihre Steuerreste nicht eher zu zahlen, als bis die Rathsherren

---

[1] Ein Bürger, der 2000 fl. Vermögen besaß, war ein Crösus!

ihre Rechnungen gelegt haben. Aber der Magistrat ver=
stand keinen Spaß; er ertheilte der ganzen Gemein
einen Verweis und behielt alle Steuerrestanten solange
am Rathhause, bis sie zahlten.

Die Rauchfangsteuer war eine Steuer für jede
Feuerstätte im Hause; auch alle Inwohner, Holden und
Tagwerker mußten sie entrichten, 1640.

Im Jahre 1669 führte man hier die Gewerbesteuer
ein, was in Radkersburg schon ein uralter Brauch war.
Deshalb schrieb der Magistrat freundnachbarlich dorthin
und bat, anher bekannt zu geben, wie dort diese Steuer
observirt wird. Richter und Rath von Radkersburg
antworteten, daß sie ihren Steuermodus nicht mittheilen,
weil sie sonst die Fürstenfelder verfluchen würden! Ein
junger Fürstenfelder Bürger brachte es in Radkersburg
doch heraus, wie sie dort die Gewerbesteuer aufstheilen,
und Fürstenfeld bekam dennoch diese neue Steuer.

Der Taz wurde von der Regierung verpachtet; im
Jahre 1642 erstand den Taz hier der Magistrat und
behielt ihn auch weiter durch das ganze übrige Jahr=
hundert in Pacht; vorher hatte ihn Jonas von Wilferstorf
in Bestand.

Der Weintaz wurde genommen: von jedem Achtel
ein Schilling u. z. von jedem vollen Faß, ob groß oder
klein, gleich von der Hälfte; von der anderen Hälfte erst
dann, wenn das Faß leer war, 1642.

Jeder Wirth konnte den Taz auf dreierlei Weise
entrichten. Entweder nahm er seinen Taz in Bestand,
d. h. er fand sich mit einer bestimmten, jährlich dem
Tazpächter zu zahlenden Summe ab, — oder er zahlte

gleich den Taz mit Ausschluß von 6 Startin, die ihm als Haustrunk nicht visirt wurden, oder endlich zahlte er ein paar Reichsthaler und es wurde ihm nur der halbe Theil seines Weines beschrieben, 1635.

Jeder Wirth, der sich weigerte, den Tazbeschreiber in den Keller zu lassen, dem wurde der gebürende Taz auf die Kellerthüre geschrieben; es hatte in einem solchen Falle der Tazbeschreiber auch das Recht, einen Startin Wein als verfallen zu erklären, 1656. Im Jahre 1669 ging man gegen die Tazverweigerer strenger vor; man beschloß nämlich: Wer den Weintaz nicht zahlt, dessen Wein ist ohne Verschonung und ohne einigen Unterschied wegzunehmen.

1641 schrieb die J. Oe. Regierung eine allgemeine Umlage auf Wein, Bier, Most, Branntwein „vnd anderes" aus: Von allen Bewohnern, er sei, was er sei, von einem jeden hoch oder niederen Standes, was er im Hause verspeist oder was sonst ausgetrunken wird, ist für jedes Viertel 6 Pfennig zu entrichten schuldig. Ausgenommen hievon waren nur die Bettler, welche ihre Speise und ihren Trunk erbetteln, die Spitaler und was in der Kirche beim Gottesdienste gebraucht wurde.

Der Brauer entrichtete als Taz von jedem Gebräue 15 kr. Der Lebzelter gab für seinen erzeugten Meth dem Richter und Rath jährlich einmal als Steuer ein „guetes Essen."

10. Capitel.
Das Armenwesen.

Das 17. Jahrhunderte schuf mit dem dreißigjährigen und den Türkenkriegen viele „arme Leut"; auch hier wurde mancher ehrliche Mann an den Bettelstab gebracht.

Die Armenversorgung hier bestand darin, daß man entweder den „würdigen" Bettlern ein Sammelpatent gab (1667) oder Verarmte in das Spital aufnahm. Im Jahre 1658 verordnete die J. Oe. Regierung: In jedem Burgfried soll man den preßhaften und bekannten Bettlern Zeichen zum Anhängen geben; die „streichenden" Bettler soll man nicht passiren lassen. So mancher „streichende" Bettler vergriff sich aus Noth am fremden Eigenthum; dann kam er in das Landgericht und durch die Tortur auf das Hochgericht. Unter den Bettlern waren alle Stände vertreten. In den Rechnungen des Stadtrichters, des Stadtkämmerers und des Mauthners heißt es jährlich: Einem armen Geistlichen, einem armen Adeligen, einem abgedankten Officier, einem armen Schulmeister, einem Pilgram, einem „krumpen" Soldaten u. s. w. einen „Zehrpfennig" gegeben. Bekannte Bettler, die nur eine gewisse Gegend besuchten, erhielten eigene, ihnen beigelegte Namen, entweder ihrer Körpergestalt, ihrer Herkunft oder ihrer früheren Beschäftigung angepaßt.

Solche Namen kamen hier vor:

Die krumme Betschwester Ursula, der lange Simon, der kleine Micherl, der einaugete Michl, der trudenfuß Anderl, der schelchmaulete Anderl, der „grünbraubige" Jörgl, der Raininger Hansl, der unger Lippl, der Brucker Wastl, croatischer Hiasl, der Polackl Lippl", der Ranzenfeld Hansl, der Fürstenfelder Hiasl, der großungarische Hiasl, die heilerische Liesl, der Sauschneider Hiasl, der Bockenhansl, der Krätzinger Weber, die halbpfaffische Miabl, der Baumhackl Jörgl, der Linsethansl, die Ducaten Resl, der Stell Samerl.

Unter dem Namen Spital bestand hier ein Armenhaus.[1] Dieses Institut besaß ein Wohnhaus mit Stallungen, einige Gründe und wurde durch den Spitalmeister mit dem nöthigen Dienstpersonale verwaltet. Aus dem Erträgnisse der Grundstücke und mit dem, was durch die Sammelbüchse und durch den Sammelkorb (1636) einkam, wurden die „Spitaler" erhalten. Diese Spitalarmen, beiderlei Geschlechtes, zerfielen in verschiedene Categorien. Es gab Spitaler, die im Institute ohne Verpflegung bloß die Unterkunft, andere, die die ganze Verpflegung und das Quartier genossen, und solche, welche letzteres und nur Brod erhielten.

In das Spital wurden nicht nur verarmte Bürgersleute, sondern auch Fremde aufgenommen; doch war die Anzahl der Spitaler mit Rücksicht auf den vorhandenen

---

[1] Durch Kaiser Josef II. wurden diese Art Spitäler in Armeninstitute umgewandelt.

Raum eine sehr beschränkte. Die Mehrzahl dieser Armen waren krüppelhafte Personen.

Legate zu Gunsten des Spitales kamen dann und wann vor; auch dictirte der Magistrat Strafen zu Gunsten des Spitales.

Die Aufnahme in das Spital entschied Richter und Rath. Beispiele: Magdalena Kolbin, „krumpes Waisl", bittet um die Herberge im Spital. Beschluß: Fiat, soll hineingenommen werden, 1674. Ein alter Mann meldet sich beim Spitalmeister um Aufnahme ins Spital; er gäbe zu demselben eine Kuh und ein wenig Getreide. Beschluß: Fiat, 1666. Ein armes, krummes Soldatenweib wird ins Spital aufgenommen und es wird ihr wöchentlich ein Laibl Brod gegeben, 1666.

Verarmte Bürgersleute, die nicht Spitaler waren, erhielten zu Zeiten vom Magistrate eine Unterstützung. So bittet 1680 eine arme Bürgerin um ein Viertel Weizen zu einem Kochmehl. Beschluß: Fiat, aus dem Spitale, d. h. aus der Fechsung von den Spitalgründen. 1632 heißt es: Ist seiner getreuen Dienste wegen beschlossen worden, ihm (dem Armen) aus der Steuerlade zwei Viertl Weizen zu kaufen.

Eine sehr schöne Sitte, verarmte Bürger zu unterstützen, bestand hier darin, daß, wenn von den Bürgern das Getreide vom Felde in die Scheuern gebracht ward, jeder Bürger von jeder Fuhre eine Garbe, alten Gebrauchs nach, zu der Einfahrt des Hauses des Verarmten legte, 1632. —

11. Capitel.
Das Sanitätswesen.

Wie unsauber es im 17. Jahrhunderte selbst in größeren Städten in den Höfen der Häuser und auf den Gassen und Plätzen gehalten wurde, ist männiglich bekannt; dieses „armbe gränitzstätlein", wie es die Fürstenfelder dann nannten, wenn sie die Regierung um einen Steuernachlaß oder Anderes baten, machte davon keine Ausnahme.

Die fast durchgehends mit Stroh gedeckten Häuser waren niedrig und mit kleinen Fenstern versehen; einstöckige Häuser werden 6 bis 7 gewesen sein. [1]

Jeder Unrath, auch der „Unlust" der Aborte wurde auf die Gasse geworfen; [2] durch die Hauptgassen zog man offene Gräben, in die die Jauche der Höfe und Stallungen rann; am Hauptplatze und auf anderen Plätzen befanden sich große Pfützen voll faulendem Wasser, in welchen Gänse, auch Schweine sich erlustigten.

Durch den täglichen Aus= und Eintrieb des Viehes wurde der Unrath auf den Gassen noch vermehrt; ver=

---
[1] Ein Haus am Platze wurde mit 300—600 fl. geschätzt.
[2] Wegen des „Unlustauswerfens" werden vom Magistrate Gassenbeaufsichtiger verordnet, 1625. Abort hieß Privet.

endete Thiere, selbst Kühe, warf man in die Gräben, wodurch die Luft verpestet ward. ¹

Richter und Rath kümmerten sich nur in den gröbsten Fällen und zur Pestzeit um die Reinlichkeit in der Stadt, oder wenn von der Regierung diesbezüglich strenge Befehle ergingen.

Während des ganzen Jahrhunderts war hier nur einmal ein Doctor der Medicin seßhaft, ein reicher Fürstenfelder, der keine Praxis ausübte. Sonst war die einzige ärztliche Person der von den Augustinern angestellte Bader; vorübergehend wohnte hier auch ein Militär-Feldscherer.

Der Bader gehörte der Baderzunft (Handwerk der Bader und Wundärzte) in Graz an; bei der Aufnahme in dieselbe mußte er ein Meisterstück machen.² Er hatte mit dem Einbringen des Baderlohnes seine liebe Noth und mußte deshalb oft das Gericht in Anspruch nehmen. 1626 behandelte der Bader einen kranken Bürger, wofür

---

¹ Dem „narrischen Hansl, daß er einen crepirten Hund aus der Stadt gezogen, 3 kr. geben", 1656. Ein Gemeinführer meldet: „Dem Herrn Jacob von Falmhaupt ist eine Kuh umkommen, welche er im Stadtgraben hat als verreckter und viertelweis abgezogener werfen lassen, will, daß man es einstelle vnd durch fügliche Mittel verbiete. Rathschlag: Herrn Falmhaupt soll man unter gemeiner Stadt fertigung zueschreiben, daß einen ersamen Rath solche machende Ungelegenheiten vnd Gestank Hoch zu einer Schmach stehet, vnd wolle nicht allein, daß hinfüro nicht mehr geschehen, sondern das ers widerum heraus aus dem Graben ziehen vnd an gebührliches Ort hinwegführen lassen solle," 1623.

² 1675 bestand das Meisterstück des hiesigen Baders in der Anfertigung von drei Pflastern, welche er dem Stadtrichter „communizirte". — In der Badstube wurde wöchentlich zweimal gebadet, „vnd sind Leut gewesen, die das Bad frequentirt." Die Dienstleute der Bürger, welche sich nicht schröpfen ließen, zahlten für das Bad nichts, sondern gaben nur der „Badbirn" etwas Weniges.

er 20 fl. Baderlohn erhielt; als aber der Kranke starb, verlangten die trauernden Hinterbliebenen 3 fl. des Baderlohnes zurück, welchem Verlangen der Bader auch entsprach. 1675 klagt er einen Bürger wegen seines Honorars. Der Bürger sagt: Er hätte ihm sollen das „Beinl" herausnehmen, wollt ihn schon zahlt haben; er hat noch Schmerzen, könne ihn nicht früher zahlen. 1632 weigert sich ein Patient, den Baderlohn zu zahlen, weil er nicht geheilt und zurecht gebracht sei, wie sich's gehört.

Häufig erscheinen herumwandernde Bruchärzte. Chr. Mühler von Rosenheim in Baiern, seiner Kunst „ein Oculist vnd Bruechschneider", bittet um ein Testimonium wegen seiner hier curirten Patienten. Er heilte hier 7 Mannspersonen und des Schnaitters selig jüngstes Kind; für letzteres bekam Mühler 16 fl. und 1 Reichsthaler Honorar. Ein Schlossergeselle, welcher auch „brüchig" war, bat den Rath um eine „christliche Steuer vndt Almosen", um sich von Mühler curiren zu lassen; es werden ihm 3 fl. bewilligt, 1643.

Im Jahre 1703 brachte der Landprofoß drei Bruchärzte ins Gericht, weil sie ihm verdächtig vorkamen. Sie wurden verhört und, weil man sie für ehrliche Leute erkannte, freigelassen. Einer davon legitimirte sich auch, daß er „nebstbei von Profession ein Schlangenfanger" sei.

Der Bader besaß auch eine Hausapotheke. Im Jahre 1657 bittet Hans Wittmann, hier eine Apotheke errichten zu dürfen. Beschluß des Rathes: Wenn er mit den nöthigen Behelfen, wie es einem Bürgersmann gebürt, vorkommt, soll ihm „das Corpus hier aufzurichten vergünstigt sein".

Ich führe hiermit das interessante Verlaßinventar des im Jahre 1661 in Fürstenfeld verstorbenen Babers Urban Riavits an.

120 messingene und kupferne „Laßköpfl", 2 messingene Spritzen, 6 große messingene Baderbecken, 5 kleine Becken, 4 kleine zinnene Arzneiflaschl, 1 kleines zinnenes Arzneibüchsel, 10 Badschürzl, 1 Badmantel, 2 Fatschen, 4 Balbiertücher, davon eines mit Spitzen, 7 Scheertüchl, 2 Rundschürzl, 4 Badewannen, 27 Badschaffeln, 3 Badsechter. Baderzeug: 1 große Bürste mit einem silbernen Hefte, 1 Streichriemen mit Silber beschlagen, 2 sammtene Barbierbestecke mit 7 Scheermessern mit Silberheften, 1 Spiegel mit Silber beschlagen, 2 Kämme mit Silber beschlagen, 2 silberne Ohrlöffel, 4 Barteisen und 1 Scheere, 4 Scheeren, 2 Bürsten, 1 kleines Apothekerl mit unterschiedlichen Arzneien (Werth 6 fl.), 12 Arzneibücher, theils geschrieben, theils gedruckt, darunter eines mit gemalten Kräutern, 41 hölzerne Medicinbüchsen sammt Inhalt, 2 große und 1 kleines Pflasterpfannerl, 1 eiserne Beinsäge, 1 Armharnisch, 2 Bindzeuge, 2 kleine und 1 großes eisernes Pflasterspatel, 1 Aberlaßzeug mit 4 Eisen, 2 Probirsteine, 2 Barbierscheeren, unterschiedliche Zahnbrechstangen, 1 Aberlaßbüchl mit Silber beschlagen, 1 Köpflaßzeug, 1 Faßel, darinnen viel Quecksilber, 3 beinerne Elistirröhrl, 26 gläserne Laßköpfl, unterschiedliche Zapfenpflaster. $1/2$ ℔ Bleiweiß, Arsenicum, Mercurium, Agstein, Mastir, Myrrhe, Serenga-Spritzen, Bibergall, Rosensalben, Tragantgummi, Erdbeersaft, gebranntes Hirschhorn, Ribiselsaft, Kronawettbeersaft, Wundbalsam; Menschenschmalz 45 kr., Regenwurmöl 18 kr., weißes Lilienblüthenöl, Kümmelöl, Hirschunschlitt. Nach dem Kundenbuche des Babers verordnete und taxirte derselbe: 1 Laxiertrankl, 1 fl.; dem (Augustiner-) Prior für die „Hüz" ein Trankl, in frischem Brunnenwasser abgegossen, 20 kr.; 1 Pulver gegen den Durst, in gesottenem Wasser abgegossen, 20 kr.; ein Schlafpulver 24 kr.; ein Gurgelwasser, dann eingespritzt, 20 kr.; eine Purgir gegeben 30 kr.; ein Schweißpulver 24 kr.; als sich der P. Georg am Schienbein gestochen 2 fl. Arztlohn für 4 Wochen; ein

— 111 —

Laxiersackl, das er in Wein gehängt und dann davon getrunken, 40 kr.; 4 Pulver für das Fieber 24 kr.; 3 Pulver für den Magen 24 kr.; für ein gesottenes Trankl, um den Schleim aus dem Magen zu führen, 24 kr.; für die Cur eines Beinbruches 9 fl.: eine Salbe zum Schmieren der Zunge, des Halses, des Magens; für Curirung eines Beines, worüber ein Wagenrad ging, 8 fl.

Ansteckende Krankheiten traten hier auf: Die Pest, das hitzige Fieber, der Ausschlag (Blattern?), dann Kinderkrankheiten (es war eine große „Sterb" unter den Kindern).

Im Folgenden führe ich eine dem Pfarrarchive entnommene Geburts= und Sterbefälle=Tabelle vom Jahre 1653—1663 an.[1]

Geburten:

Jahr	Jänner	Febr.	März	April	Mai	Juni	Juli	August	Septbr.	October	Novbr.	Decbr.	Jahres=Summe
1653	6	5	9	6	1	2	5	5	4	5	8	4	60
1654	9	8	6	4	6	3	4	8	6	8	6	6	74
1655	6	10	5	9	.	6	3	3	7	11	8	6	74
1656	5	7	2	5	4	7	8	9	3	6	4	3	63
1657	5	5	4	4	7	3	1	1	8	2	4	3	47
1658	8	.	6	8	5	3	7	3	6	6	2	7	61
1659	3	5	7	6	4	6	5	4	3	9	6	4	62
1660	4	7	4	3	3	3	3	2	6	2	9	3	49
1661	7	6	4	3	2	5	3	3	4	5	8	6	56
1662	10	10	10	5	2	2	7	7	6	5	9	8	81
1663	5	6	3	6	4	6	7	5	9	2	11	14	78
Summe von 10 Jahren	68	69	60	59	38	46	53	50	62	61	75	64	705

[1] Fürstenfeld zählte im Jahre 1614 238 Häuser mit etwas über 1000 Einwohnern,

Sterbefälle:

Jahr	Jänner	Febr.	März	April	Mai	Juni	Juli	August	Septbr.	October	Novbr.	Decbr.	Jahres-Summe
1653	2	6	8	6	4	3	.	.	1	.	6	3	39
1654	4	3	1	7	2	.	3	1	1	5	1	2	30
1655	5	3	2	6	14	9	6	3	3	4	2	.	57
1656	4	6	2	2	4	3	6	2	.	.	.	.	29
1657	2	2	1	2	3	2	7	3	.	1	.	1	24
1658	1	.	2	4	2	1	3	.	2	.	.	2	17
1659	3	2	1	3	8	3	1	3	4	9	8	1	46
1660	5	9	6	1	6	1	4	4	7	9	8	5	65
1661	7	4	6	3	1	4	2	9	4	5	4	4	53
1662	8	8	11	4	3	5	7	.	1	2	3	5	57
1663	6	6	3	8	4	3	5	6	12	17	6	9	85
Summe in 10 Jahren	47	49	43	46	51	34	44	31	35	52	38	32	502

705 Geburten stehen 502 Sterbefälle gegenüber, wodurch sich in 10 Jahren eine Steigerung der Bevölkerung um 203 Personen ergibt.[1]

Nach der Mehrheit der erfolgten Sterbefälle reihen sich die Monate in folgender Ordnung: October, Mai, Februar, Jänner, April, Juli, März, November, September, Juni, December und August.

Nach der Schlacht bei St. Gotthard, 1. August 1664, kamen hieher viele verwundete Soldaten; es brach dann eine

---

[1] Das Militär ist in den Tabellen mitgerechnet; ferner muß ich auch anführen, daß die hier Getauften, aber in anderen Ortschaften Wohnenden, mitgezählt sind, weil diese von mir nicht ausgeschieden werden konnten, indem das Taufbuch ungenau geführt ist.

ansteckende Krankheit, das hitzige Fieber, aus, welche viele
Bürger dahin raffte. Es starben: im Jänner 9, im Februar 7,
im März 16, im April 11, im Mai 7, im Juni 1, im
Juli 9, im August 56, im September 66, im October 52,
im November 9, im December 7, zusammen 250 Personen;
im August, September und October starben durchschnittlich
täglich 2 Personen.

Wenn im Lande oder im nahen Ungarn die Pest
graffirte, wurden strenge sanitäre Maßregeln ergriffen.
Man stellte bei den Stadtthoren Wachen auf, welche nur
jene in die Stadt ließen, welche sich auswiesen, daß sie
aus pestfreien Ortschaften oder Gegenden kamen. Diese
Wachen bezahlte der Rath dadurch, daß jeder Bürger
15 kr., jede Witwe 9 kr. und jeder Inwohner 6 kr.
täglich Wachgeld entrichtete, 1634. Im selben Jahre
verordnete der Magistrat: Ein jeder Bürger soll sich der
Sauberkeit zur Verhütung der leidigen Contagion und
vergifteten Luft auf das reinlichste in den Häusern be=
fleißen. In der Vorstadt durfte keinem Fremden weder
Obdach, noch Essen und Trinken, „bei Lebensstraff", ge=
geben werden. Die Brücken und Stege, die zu ver=
seuchten Gegenden führten, wurden abgerissen, ein beson=
derer Arzt, ein eigener Geistlicher, der sich verpflichtete,
Pestkranke zu besuchen, und ein eigener Todtengräber
aufgenommen; auch errichtete man ein Lazarethhaus.
Jedermann mußte in seinem Hause mit „Pestrauch"
versehen sein und man rieth, bei Empfang von Geld
dies in Essig „einzuweiken". Alle Kirchtage entfielen.
Auch unternahm man zur Abwendung der Gefahr Wall=
fahrten, mit brennenden Kerzen in der Hand, setzte das
hochwürdige Gut aus, hielt das 40stündige Gebet und

verehrte insbesonders die hl. Maria, die hl. Rosalia, den hl. Sebastian und den hl. Rochus.

Man nahm eine Person auf, die das umgestandene Vieh wegräumte; für das Ausziehen und Eingraben eines Pferdes oder Rindes, ob groß oder klein, bekam dieselbe 6 Groschen, für ein Schwein 3 kr. Ebenso wurde alles schäbige Vieh vertilgt, „was manche halten thun", 1665.

Im Jahre 1655 wurde von der Regierung ganz Ungarn „bandisirt"; jeder, der aus diesem Lande kam, wurde drei Tage contumacirt. Die Uebertreter der Contagion-Ordnung wurden mit 3—10 fl. bestraft. 1634 erließ die Regierung den Befehl, daß jeder, der aus den infiscirten Häusern in Graz ausreißet, niederzuschießen sei.

Im Jahre 1655 kommt der Sohn des hiesigen Rathsherrn G. Wirker, „der Jobl", mit großem Geschwür aus Ungarn heim. „Weil es in vielen Orten Ungarns stirbt, spargirt der Stattrichter, der Jobl sei infiscirt." Rathschlag: G. Wirker wird mit Decret bei Pön aufgetragen, daß er seinen Sohn 6 Wochen und 3 Tage lang aus dem Hause schaffen soll, inzwischen auch er sammt seinem Gesinde sich „in der Eng" zu Hause halten solle, damit böser Verdacht vermieden werde. 1681 besuchte der hiesige Lebzelter während der Pestzeit Graz, was verboten war. Als Strafe mußte er nebst einer 14tägigen Contumaz in seinem Weingarten jedem Rathsherrn einen einpfündigen Wachsstock geben.

Wenn die Pestgefahr vorüber war, dankte man dafür Gott auf's beste. Im Rathsprotocolle des Jahres 1634 heißt es: „Weil Gott dies stätlein der laibigen Infection halber widerumb mit gnaden erlediget hat, so wird aus Dank während dieses Faschingß das Saiten gespiell vnd langwirdige auffein in wirzheußern eingestellt", außer auf einer „Ehren Hochzeit, denen es erlaubt sein soll".

Wenn auch bei den Fleischhauern eine Fleischbeschau vorgenommen wurde, so war die deshalb von geringem Nutzen, weil sie durch Personen geschah, die von einer Fleischbeschau keine Idee hatten. Die Fleischcommissäre, wie man die Fleischbeschauer nannte, wurden jährlich gewählt und man erkor dazu Schuhmacher, Tischler und andere Bürger.

Hier war ein Abdecker seßhaft, welcher erst im Jahre 1680 ein „Schinderhäusl" zugewiesen erhielt. Den Wasenmeister verwendete das Gericht auch beim Torquiren von Gefangenen und beim Verbrennen „zauberischer Personen".

Anmerkung. Im Fürstenfelder Landesgerichtsbezirke durfte nur ein Abdecker dies Gewerbe ausüben; 1702 gestattete aber das hiesige Landgericht der Herrschaft Kalsdorf einen eigenen Wasenmeister „der gnädigen Herrschaft zu gehorsamen Ehren."

12. Capitel.
Das gesellschaftliche Leben, die Kleidertracht, der Aberglaube.

Das gesellschaftliche Leben der hiesigen Bürger würde gewiß recht still verlaufen sein, wenn dieselben nicht durch die vielen Kriege in stete Aufregung gebracht worden wären. Die mehrmalige Nähe des Feindes und die fortwährende Bequartirung der Kriegsvölker versetzte die Bürgerschaft in nicht geringe Bewegung; freilich nahm dadurch die Verrohung der Sitten überhand. Es war hier ein derber, trotziger Bürgerstand, der stets treu zu Kaiser und Reich hielt und mit Recht auf seine uralten Stadtprivilegien pochte. Gegen den Adel war er mißtrauisch, weil er von diesem am meisten die Verkürzung seiner Bürgerrechte fürchtete, gegen den Bauer war er stolz, wie es der Freie gegen den Unfreien immer war.

Die Bürgergeschlechter wechselten hier sehr oft; infolge der schweren Kriegszeiten griff mancher Bürger zum Schwerte oder zog von hier fort, um in einem anderen Lande sein Glück zu suchen. Viele Bürgerfamilien stammten insbesonders aus Baiern, Baden, Württemberg und

Preußen, höchst selten siedelte sich ein Ungar hier an. Die Bevölkerung war stets deutsch.

Die Bürger arbeiteten als Gewerbetreibende nicht viel an Nachmittagen; man ging oder ritt gern in die benachbarten ungarischen Dorfschaften, wo man wacker Wein trank. Deshalb konnten sich aber die Fürstenfelder Weinwirthe keineswegs über Vernachläffigung ihrer Wirthsstuben beklagen, denn „der Wein erfreut des Menschen Herz", schien der Wahlspruch der alten Fürsten= felder gewesen zu sein. Die Stadtrichter sahen sich nur zu oft veranlaßt, die Bürgerschaft zur Mäßigkeit im Trinken und Spielen zu mahnen; sie sollen „nit sauffen vnd spielen."

Beim Wein wurde getanzt und gesungen, beim Wein wurden Geschäfte gemacht und abgeschlossen; Wein floß bei Taufen, Hochzeiten und Begräbnissen und bei allen Ehrungen, mit Wein entschädigte Richter und Rath kleine Verrichtungen der Bürger für die Stadt, denn diese verlangten auch für die mindeste Bemühung im Interesse der Gemeinde eine „Ergötzlichkeit"; exercirte die Bürgerschaft, ward auf Stadtkosten ein Trunk gereicht;[1] mit Wein wurde manche Sünde gesühnt und manche Strafe getilgt. Beim Weine entstanden die ärgsten Raufhändel, die dann gewöhnlich nicht im Gasthause, sondern auf offener Straße ausgefochten wurden.[2]

---

[1] Wie 1656 die Bürgerschaft „gedrilt" wurde, bekam sie von der Stadt Wein und Brot; „da hab ich'" sagt der Mauth= herr in seiner Rechnung darüber, „dreien, die daß threiß frier gemacht haben, Wein geben 5 Biertl", statt ein Biertl.

[2] Die Bürger forderten sich zum Zweikampfe auf die Gasse und fochten den Streit mit Säbeln und Degen aus. Jemanden

Ueber den Durst trinken wurde mit „voller Weis, übervoll, weinig, weinvoll, begossene Nase, beweinigt" bezeichnet.

Zuerst ward „gespöttelt", dann geschimpft, dann „zuckte" man die Wehre und dann gab es „blutige" Schläge.

Als höchstes Schimpfwort galt Schelm; die Abtragung dieser Ehrenbeleidigung geschah nur gerichtlich und durch zwei „ehrbare Mannen". Andere gebräuchliche Schimpfwörter waren: Rainzucker (der den Rain verletzte), Flormacher, rothaugeter blinder Hund, schlimmer Hund, geselchter Dieb, Schalk, Esel, ausgekaufter Dieb, Vogel, Bestie, Fretter, Jud, Wechsler, Schacherer, Wechseltreiber, Gassenführer, Karpf, gespitzter Edelmann, Hungerleiber, Schurke, Tagdieb, Scherge, Zauberer, Schöckelflieger, Partidispieler, Schafskopf, Suppenschmarozer, Tellerlecker, Mandl, Roßjucker, Sechserschilling (1625), doppelter Fadenfresser, Gadenwirth, Galgenvogel, Mauskopf, Kramerbub, Pfefferkrämer, Kotzenmacher, Klemperle, Fuchsschwanz, Weitmaul, Bärenhäuter. Die Damen nannten einander Hexe, zauberische Hexe, Trankschaffl, Fetzen und H....

Als beleidigende Redensarten galten: Gehe hin und beiße dem Wolf Holz ab, — Du stehst im schwarzen Buch; Jemanden die Feigen ins Gesicht zeigen oder einem Mann in den Bart greifen, war gleichfalls ein angethaner Schimpf.

---

mit dem Säbel schlagen hieß „schmieren", jemanden mit einem Stocke schlagen hieß „gestrichen", jemanden zu Boden schlagen nannte man „krumm gelegt."

Beleidigte oder schlug ein Bürger einen Rathsherrn, so sprach der Beleidiger, bevor er schimpfte oder schlug: „Deine Rathsstell ausgenommen", 1644.

Nebst dem Kartenspiel war auch das Würfelspiel üblich. 1635 kamen zwei Bürger beim „Piccetieren" in Streit. 1688 ward hier eine Kegelbahn errichtet. Im Sommer unternahm man Ausflüge mit dem „Gutschiwagen", im Winter mit dem Schlitten. Als alte Volksgebräuche werden schon damals bezeichnet: Das Setzen der Maibäume, 1627; das Schießen in der Stadt am Georgiabend, zu Neujahr und bei Hochzeiten, 1627; die Johannesfeuer, das Sammeln von Heiligenstrizeln, 1692.

Unter sich sprachen sich die Bürger beiderlei Geschlechtes mit Du an. Der Ehemann nannte seine Frau Herzliebste, Ehewirthin oder Hausfrau; die Frau nannte ihren Mann ihren Herrn. Ging ein Mann seinem Weibe durch, so schickte sie ihm einen Schelmbrief nach, 1664.

Es machte unehrlich, wenn ein Bürger mit einem Gerichtsdiener oder Hirten, es war nicht schön, wenn ein Bürger mit „arzten" trank, 1678.[1] Ein Bürger erhielt einen Verweis, weil er mit Tagwerkern und Roßbuben spielte, 1664.[2]

---

[1] Unter „arzten" verstand man wandernde Bader und Quacksalber.

[2] Ein „leichtfertiges Spiel mit 7 kleinen allerlei Münzsorten" besaß 1642 ein junger Bürger; sein Schwager kaufte ihm es mit der Bedingung ab, daß die 7 Münzen in den „Gotteskasten" der Pfarrkirche kommen und daß er, so lange er lebt, um kein Geld mehr spielt. Der Verkäufer gelobte dies dem Stadtrichter; im Falle er jedoch wieder spielt, so zahlt er 7 Reichsthaler Strafe, wovon die eine Hälfte der Pfarrkirche, die andere Hälfte aber dem Stadtrichter, dem Stadtschreiber und dem Käufer des Spieles gebüren soll.

Nach den vorhandenen, im Dialecte verfaßten Schriften, als wie Briefe, Rechnungen u. dgl., war damals der gleiche Dialect, wie er heute noch hier gesprochen wird, üblich.

Im Nachfolgenden führe ich aus mehreren Inventuren reicher Bürger die Kleidertracht derselben aus der Zeit von 1600—1630 an.

Die Farbe des Tuchmantels war schwarz oder „lederfarben"; das Wams war schwarz, blau, silberfarben, veigelbraun, grasgrün, grasgrün-gescheckt, bestand aus Seide, Halbseide, mit gelber oder grüner Seide gesteppt, aus Damast, Taffet, Sammt oder Tuch. Der Rock war schwarz, purpurfarben, braun, aus Tuch, Halbseide, Doppeltaffet gefertigt, mit drei oder sieben grünen Schnüren geziert, die Nähe Ungarns verrathend. Die Hose, gewöhnlich Kniehose, hatte die gleiche Farbe wie Rock oder Wams; hirschlederne Hosen, Wämser und Koller waren auch im Gebrauche. Der Reitrock war roth. Die Männer trugen auch ein sogenanntes „Hüllröckl", welches ebenfalls mit farbigen Schnüren besetzt war.[1] Hüte waren aus Biberhaar.

Reiche Bürgersfrauen trugen blaue, rosenfarbene, blaubesprengte, grüne, nelkenbraune, schwarze Kleider aus „demaßirten" Damast oder Tuch, Zeug oder Halb-

---

[1] 1620: Ein schwarz „schambelottes Hüllröckl mit Fuchs gefüttert", ein Hüllröckl vom schwarzen „schamblott" mit sammtenen Aufschlägen und 6 schwarzen Schnüren, ein anderes von schwarzdurchzogenem Kerntuch mit grasgrünem Aufschlag, ein „besprengtes" Tuchröckl mit Fuchsunterfutter. Man kaufte gerne englisches und Augsburger Tuch.

seibe, mit seidenen Schnüren oder Borden verbrämt. [1] Die Mieder waren aus Bein, grün, goldfarben, feuerfarben, geblumt, aus Doppeltaffet. Es wurden auch Mantelets aus blauem „Tschobin" mit schwarzen Schnüren getragen. Das „Fürtuch" bestand aus feigelfarbenem Doppeltaffet mit feigelfarbenen Spitzen, aus „schilchetem" Doppeltaffet; es gab auch grasgrüne und feuerrothe Fürtücher. Man trug Bindtüchlein, Hauben und Hüte.

Es gab reistene, apparstene und damastene Tischtücher mit rothen und blauen Borden, aus rothem türkischen Garn gewirkt oder mit demselben Garn ausgenäht; man hatte Tischtücher mit weißen „saubern" Borden. Die Handtücher theilten sich gleichfalls in reistene, apparstene oder damastene; auch sie waren mit türkischem Garn ausgenäht.

Die Servietten, „Tischfazolet", bestanden aus dem gleichem Stoffe wie die Tischtücher.

Die reistenen Leintücher waren mit Borden und langen Spitzen oder mit gewippelten Borden besetzt und mit türkischem Garn ausgenäht. Reiche Leute besaßen ein Himmelbett.

Das Speise- und Trinkgeschirr bestand vorherrschend aus Zinn; man hatte Zinnteller, große und kleine Zinnschüsseln, große und kleine Zinnkannen, Maßkannen. Aermere Leute aßen aus hölzernen und irdenen Tellern. Seltener kommen silberne Becher und Kannen vor. [2]

---

[1] Das „Weiberschäubl", ein sogenannter Kittel, gewöhnlich von schwarzer Wolle. Die Haube hieß Frauenvisir.

[2] Ein Bürger besaß 1620 eine silberne Kanne mit drei vergoldeten Reifen, auf dem „Ueberlüt" ein Bär stehend, darauf auch 3 und zwischen den Reifeln 6 vergoldete heidnische Pfennige. Vielleicht waren diese Pfennige römische Münzen. — Der „Kinderzatsch" mit Feigelwurzen und Anhängseln.

Es gab meſſingene Gießbecken ſammt Kannen aus gleichem Stoffe.

Schmuckgegenſtände waren: Frauengürtel; ſie hießen entweder Panzer=, Ketten= oder Maulkorbgürtel. Sie beſtanden aus (ſchwarzem) Sammt, auch aus vergoldetem Silber. Man trug goldene und ſilberne, meſſingene und kupferne Finger= und Petſchaftsringe; es gab Gedenk= ringe, Ringe mit Türkis, Diamanten, Rauten, Rubinen, „böhmiſchen Diamanten" und anderen Edelſteinen beſetzt. Ein Bürger beſaß einen vergoldeten Silberring mit einem Compaß, ein anderer einen goldenen Ring mit dem Namen Jeſu. Als Geſchmeide trug man ſilberne Schnürlein, „Anhängl oder Breverln", ſilberne, vergoldete Aufſatz= nadeln mit einem „guten" Stein, ſilberne Halsketten mit ſilbernem Agnus Dei, ſilberne Hemdknöpfe und Schuh= ſchnallen, ſilberne Miederringe; auch waren ſilberne Ohr= löffel im Gebrauche.

Als Nippſachen kommen häufig ſilberbeſchlagene Mus= catnüſſe vor; als Seltenheit zeigte man Maiskörner. Man beſaß verſchiedenartige Roſenkränze, Beten genannt. Einer hatte eine korallenrothe Beten mit vielen daran hängenden ſilbernen Pfennigen; ein anderer einen Roſenkranz mit ſchwarzen Steinen und ſilbernem Vaterunſer. Sorgſam aufbewahrt wurden Ablaßkreuzer und Ablaßpfennige. Ein Bürger hinterließ auch ein „kleines Altärl von Silber".

Im Zimmer des vornehmen Bürgers ſtand nebſt dem üblichen Zimmergeräth aus hartem Holz ein Schreib= tiſch mit einem Probirſtein, die Fenſter zierten ſeidene Vorhänge mit Haraßfranſen, den Boden bedeckten Teppiche und Bärenhäute.

An Bücherwerk kommen hauptsächlich Bücher religiösen Inhaltes vor;[1] häufig findet man die Hauspostille und einen Schreibkalender vertreten.

An Waffen mußte jeder Bürger entweder eine Hellebarte oder einen Säbel besitzen, der beim Hause verblieb; viele waren mit Degen, Rapiren, Stilets, dann mit Gewehren, Pistolen und Terzerolen versehen. Auch der Ger zum Fischstechen ist häufig verzeichnet.

Daß der Aberglaube tiefe Wurzeln gefaßt hatte, brachte die damalige allgemeine Bildungsstufe mit sich. Der Glaube an Gespenster, worunter der Schratl eine Hauptrolle spielte, fand viele Anhänger. Mit dem Aberglauben innig verbunden war das Hexenwesen, das auch hier so manches Opfer forderte.

Der Schratl wird geschildert als ein kleines Männlein mit rothem Röckl; einmal befand er sich in einem Rauchfange, dann wurde aus ihm eine Nachteule. Ein verbreiteter Aberglaube war, daß man Kühe verzaubern könne, daß sie statt Milch Blut geben, ein Wahn, der heute noch in der Landbevölkerung fortlebt. Im Jahre 1669 wurde eine alte Bäuerin dem hiesigen Landgerichte eingeliefert, weil sie die Kühe ihres Nachbars um die Milch gebracht habe, die Kühe „dorrten ab"; der Magistrat bezeichnete dies als Aberglaube und ließ die Geklagte frei, von einem damaligen Gerichte gewiß eine höchst seltene Ausnahme.

Man glaubte: Wenn man aus dem Hausthore einen Span schneidet, dann geben die Kühe dieses Hauses

---

[1] Z. B. Reisebuch über die heilige Schrift; Griexaru(?): Goldenes Sendschreiben.

statt Milch Blut; mit einem „Krämpl" von einem Laub=
frosche könne man „Menscher" bezaubern. Fieber kann
man vertreiben, wenn man einen „Haber fleckhen" in
einen Ameisenhaufen eingräbt; dabei muß man im Freien
hin und her gehen und darf gar nichts reden, nicht
einmal beten. Ein Schneider lehrte 1676 die Kunst,
mit der Scheere und einem Siebe verlorenes Geld wieder
zu bekommen; ein Bäckerjunge aber erhielt von einem
Zigeuner[1] eine Wurzel, womit man den Kropf vertreiben
kann. Der arme Bäckerjunge wurde deshalb aus der
Stadt vertrieben. Vergrub man ein Vorhängschloß in
den Pfennich, so versperrte man den Vögeln die Mäuler;
steckte man Abfälle von gestohlenem Grase, die verstreut
herum liegen blieben, in ein Mausloch, wo das Gras
abgeschnitten ward, so mußten die Kühe, welche vom
entwendeten Grase fraßen, verdorren.

Im Jahre 1629 klagte Reithofer, die Pferde des
Peter Kolb thäten ihm Schaden zufügen. Weil Reit=
hofer keine Genugthuung erhielt, so sagte er: „Die Roß
des Kolben sollen über ein Jahr keinen Heiden mehr
genießen." Diesen Ausspruch ließ Kolb in das Gerichts=
protokoll eintragen. Das Urtheil lautete: Die Parteien
sollen sich in der Güte vergleichen und widrigenfalls des
Kolben Rosse in der Zeit Schaden leiden würden und
er es genugsam probiren kann, soll solches beim Reit=
hofer „protokollirtermaßen" gesucht werden. Einige Wochen
darauf meldete P. Kolb, er spüre an seinen Rossen
merklichen Schaden, und bittet, der Magistrat wolle den

---

[1] Die Zigeuner waren auch damals die allgemeine Land=
plage der Grenzbewohner.

Reithofer zur Annahme des „zerschlechten Roß" verschaffen. Rathschlag: „Der Kläger soll sich bis zur Aenderung seines Rosses erlittenen Schaden gedulden und, da er nach ausgegossenen Worten zu verfahren gemeint ist, soll ihm Klager die Weisung der That mit unverdächtigen Parteien zu probiren und mit mehreren zu beweisen bevor stehen."

1667 stahl der 20 Jahre alte Knecht Sebastian Gölles seinem Dienstherrn 4 fl., welchen Betrag er bis auf 7 Groschen zurückzahlte. Sein Dienstherr ließ ihn einsperren, und beim gütlichen Examen sagte er aus: Er wäre eines Abends zum alten Falbenhauptischen Schloß (in Fürstenfeld) hinausgegangen; als er sich daselbst beim Mondenscheine niederlegte, sei ein schwarzer Hund gegen ihn gelaufen, welcher dann ein schwarzer Mann wurde. Auf dessen Zureden habe er seine Seele um 20 fl. verkauft. Der Mann verbot ihm, die Kirche zu besuchen, sondern er soll spielen und er soll dies nicht offenbaren. Weil er es aber jetzt im Arrest ausgesagt, sei der böse Geist gekommen und habe ihn blutig geschlagen, weil er auch von diesem Gelde 9 fl. hergegeben habe. Der Teufel habe ihm 20 Jahre Frist gesetzt, er will nicht, daß Gölles den Leuten unter den Füßen „umwalge". Aus der Nase habe er auf Begehren des Teufels drei Tropfen Blut gegeben, die er mit einem Grashalme herausbrachte. Ferner besaß er eine Beten, selbe habe er aber hergeben müssen. Gölles wurde des Arrestes entlassen, in das Augustinerkloster geführt, wo er beichtete und communicirte, auf daß er dadurch von dem „teuflischen Pathen" los werde. Sein übriges Geld,

9 fl., bekam zur Hälfte der Stadtrichter, zur Hälfte das Spital.

1658 bringt Bürger Kropf bei Gericht vor: Am 4. Jänner ist in seinen Hof „ein Sachen mit Eierschalen vnd Bluet bei der Nacht gegossen worden". Er gab der Dirne den Auftrag, dies zu entfernen; wie die Magd es wollte zum Thore hinaustragen, sind ihr die Hände ganz „entfallen, darüber sie auf den Tod erkrankte und es verfiel ihr auch die Rede." Kropf ging nach Rubersdorf (Ungarn) zu der Wahrsagerin; „die hat vermelt, es hätte es eine Nachbarin gethan, es werde schon offenbar werden, die Person würde der Dirne stets vorkommen." Hierauf habe Kropf die Dirne beichten lassen, dabei habe sie dem Beichtvater vermeldet, die Kummerin komme ihr stets im Schlafe vor. Auf dieses hin bat er den Pater Gabriel, er solle zu der Kummerin gehen und sie bitten, daß sie zu Kropf komme und der „Menschin" aus der Hand zu trinken gebe; das hat sie auch gethan. Als die Kummerin heimgegangen, habe das „Mensch" zu reden angefangen und sie sei besser geworden. Hernach ist die Dirne mehrmals zum Brunnen um Wasser gegangen; da habe ihr die Kummerin öfters mit diesen Worten gedroht: „Sie woll ihrs machen, daß sie die Hände über den Kopf zusammenschlagen muß". Heute früh, wie das Mensch aufgestanden und bei der Kuchel hinausgegangen ist, sei eine Weibsperson auf der Stubenthüre in der Lauben gesessen, habe die Dirne angefallen und ihr „ein eigroßes Sachen ins Maul reiben wollen. Wie aber die Dirn das Maul nit aufgethan hat, hab sie ihr's um's Maul stark gerieben; dann ist das Weib also verhüllter davon und hinten beim Garten hinaus gesprungen, sie hat es nicht erkennen mögen, wer es gewesen sein soll. Nun wäre der Menschin die Red wieder verfallen und sei todtkrank." Die Kummerin wurde vor Gericht citirt, wo sie alles läugnete. Decisio: „Weil keine Prob vorhanden, soll der Kummerin mit starken Drohworten ein Schrecken eingejagt werden."

1658 sagt eine Dienstmagd bei Gericht aus, ihre Frau habe ihr befohlen, vom Friedhofe zu Hatzendorf ein Todtenbein heimzutragen, damit sie es ins „Prein=traidt" (Hirse) legen kann, weil dann die Spatzen dort keinen Schaden thun können; sie bekomme dafür ein reistenes Vortuch. Weil sie aber nur ein rupfenes erhielt, so erzählte sie es weiter. Ihr Herr fand das Bein im Keller und steckte es in einen Rain; die Frau aber zer=schlug es und warf die Trümmer in den Breinacker. Es half aber nichts, denn die Spatzen fraßen den Hirs ab, „weillen die Sachen der hl. 10 Gebote zuwider sein und Gott sehr misfallen thuet, auf solche Weis dem Geweihten Oertl die Todtenbein zu berauben." Strafe: 64 fl. zu erlegen.

13. Capitel.
Garnison und Bürgerwehr.

Da Fürstenfeld eine Grenzfestung war, so lag auch immer eine Garnison hier, gewöhnlich eine Compagnie Reiter oder Fußvolk unter dem Commando eines Oberstlieutenants oder Hauptmannes.

Jedem Officier gebürte das Quartier sammt Bett, Bettgewand, Tischtücher, Servietten, „Plachen", Tische, Stühle, hölzerne Teller und Löffel, Holz und das Nachtlicht. [1] Der Mannschaft mußte täglich ein Viertl Wein, ein Pfund Fleisch und um 4 kr. Brot gereicht werden, 1621. [2] Häufig kam es vor, daß der Commandant mit dem eigenen und dem Solde seiner Truppe auf die Steuern der Stadt angewiesen war; gewöhnlich war dies der Fall, wenn entweder die Landschaft wenig Geld hatte oder wenn die Stadt mit den Steuern in bedeu-

---

[1] Wenn er das nicht erhält, droht 1669 ein Hauptmann, so lasse er am Hauptplatze ein Feuer anmachen.

[2] Im Jahre 1656 betrug die Mundportion für einen Soldaten des Tages 8 kr., wenn der Soldat bei dem Bürger in Verpflegung stand; einem Wachtmeister gebürten täglich 3 Mundportionen. Diese Auslagen wurden den Bürgern an der Steuer abgerechnet.

tendem Rückstande blieb. Da präsentirte der Commandant bei seinem Einzuge in die Stadt dem Magistrate seine Anweisung und nun hieß es rasch Geld auftreiben, denn die Soldaten warteten nicht lange auf ihre Gebür. Es wurden wohl manchmal dem Commandanten ein halber Startin Wein oder einige Viertel Hafer verehrt, damit er sich etwas gedulde; doch ging es dann nur an, wenn der Commandant ein „guetter Herr" war.

Soldaten wurden nur dann ins Quartier genommen, wenn der Commandant ein landesfürstliches Patent vorwies. Durchmarschirenden Truppen waren die Bürger, wie auch die Bauern, nichts zu reichen schuldig; doch waren die Hausbesitzer verpflichtet, abgedankten Soldaten Almosen zu geben. Wechselte die Truppe die Garnison, so bat der Commandant den Magistrat um eine Attestation über sein Wohlverhalten, daß er während seines hiesigen Aufenthaltes ein gutes Commando gehalten und daß er die Forderungen der Bürgerschaft beglichen habe. Der Commandant erhielt vom Kriegscommissär nicht eher seinen Gehalt zur Auszahlung angewiesen, bis er nicht diese Attestation vorbrachte.[1] So lag 1674 General Sparr einige Wochen hier in Garnison; auch er begehrte eine Attestation, daß er hier gutes Commando hielt und die Bürger bezahlte.

Weil ein Hauptmann hier auf strenge Mannszucht schaute, verehrte ihm der Magistrat bei seinem Abmarsche für die Frau „in die Kuchel ein Pachen Speck".

---

[1] 1674 rauben und stehlen die Soldaten im Pfarrhofe. Beschluß: Es ist beim Hauptmann zu klagen; trifft er nicht Abhilfe, so ist beim Kriegscommissär auf seine Anweisung Arrest zu schlagen.

Soldaten etwas zu borgen, war verboten. Zwischen der Bürgerschaft und den Soldaten herrschte fast immer großer Unfriede; die Soldaten waren durch die lange Kriegszeit verroht, auch verloren sie den Begriff des Unterschiedes zwischen eigenem und fremdem Gute. Der einquartirte Soldat machte sich im Hause des Bürgers breit, war voller Uebermuth und so blieb ein Streit nicht aus, welcher mitunter zu großen Schlägereien ausartete, daß dann der Stadtrichter mit aller Macht eingreifen mußte.[1]

---

[1] Dem Gefreiten, so von der Bürgerschaft also übel mit Schlägen tractirt, auf daß ein größeres Unheil verhütet werde, 2 fl. 35 kr. gegeben, Mautrechnung 1658. Im Jahre 1670 veranlaßte ein Bürger dadurch eine große Keilerei, daß er im Wirthshause zu einem hier in Garnison liegenden Dragoner, dessen Regiment 1664 bei St. Gotthard mitfocht, sagte: Wenn die Franzosen nicht gewesen wären, hätten wir die Schlacht nicht gewonnen; die Dragoner haben nur die Keller aufgebrochen, die Franzosen haben den Feind geschlagen. Der Dragoner legte den scheltenden Bürger „trump"; dabei blieb es aber nicht, denn die Bürger halfen ihrem Freund, andere Dragoner erschienen, Rathsbürger kamen, um den Streit zu schlichten, es kam der Hauptmann, welcher zwei Rathsherren und den erbärmlich geschlagenen Bürger in sein Quartier bringen und in die „Holzschupfen" einsperren ließ mit dem Befehle, daß ihm am anderen Tage die zwei Rathsherrn sein Holz zu hacken haben, wegen der angethanen Schmach. Da erschien in der Nacht der Stadtrichter in seiner Amtstracht und forderte den Hauptmann auf, seine Bürger zu entlassen, denn er allein habe die Macht, die Bürger zu strafen. Als der Hauptmann vom Fenster aus nur „spöttlich" antwortete, erbrachen die aufgeregten Bürger das Hausthor. Da standen im Hofe bewehrte Soldaten und Bürger gegenüber. Als der Hauptmann mit dem Degen auf den Stadtrichter eindringen wollte, rief letzterer aus: Wer mich beleidigt, beleidigt des Kaisers Majestät, denn ich bin ein kaiserlicher Stadt- und Landrichter mit des Kaisers Bann! Dies schreckte den Hauptmann, er gab die drei Bürger heraus; aber noch in derselben Nacht ritten zwei Rathsherrn nach Graz, um den Hauptmann anzuklagen, was auch half, denn die „Compagnia" wurde gleich

Insbesonders arg trieben es die durchmarschirenden Truppen. 1635 kamen hier marode Soldaten an, die nach Graz befördert wurden. Diese schlugen hier Fenster ein, stahlen Mäntel, Säbel, Messer, Hüte, „ja auch ein Mieder, ein Haupttuch und ein Vortuch." Ihr Kommandant, ein Hauptmann, begehrte einen Wagen mit vier Pferden, die ihm nach langer Verhandlung beigestellt wurden. Die Pferde stellte der Hauptmann nicht wieder zurück und so mußte die Stadtcasse die Pferdebesitzer entschädigen.

Ein kleiner Trupp Reiter unter der Führung eines Wachtmeisters unternahm von hier aus einen förmlichen Raubzug nach Ungarn, plünderte die vom Jahrmarkt in Güssing heimkehrenden Handelsleute, nahm ihnen nicht allein Waaren, sondern auch den Gelderlös vom Markte weg.

So enthalten die Rathsprotokolle schwere Klagen der Bürger über die Soldaten, Klagen, die zwar die Regierung hörte, denen sie aber nicht abhelfen konnte. —

Der Bürger war verpflichtet, an der Vertheidigung der Stadt theilzunehmen, deshalb wurde die Bürgerschaft von Zeit zu Zeit exerzirt.

Wenn auch der Kriegsschauplatz weit von hier lag, so entstand nicht allein hier, sondern auch in Graz und

---

nach Rottenmann verlegt. Der Hauptmann mußte durch zwei Offiziere Richter und Rath Abbitte leisten, der Magistrat verweigerte die Attestation und ließ den Commandanten recht lange darum bitten. Ersterer stellte ein „leidentliche" Attestation erst dann aus, bis sich der Kriegscommissär in Graz ins Mittel legte, welcher schrieb: Die Fürstenfelder sollen nicht so „mausig" sein.

den anderen Orten des Landes große Furcht; die J.-O. Regierung selbst trug durch ihre allarmirenden Befehle viel zur Erhöhung dieser Kriegsfurcht bei.

Im Jahre 1619 befiehlt die Regierung, wegen der Böhmen die Stadtmauern und Wälle gut zu versehen und man soll wachen. Deshalb beantragt der Richter im Rathe: Inmaßen jetziger Zeit nicht allein wegen des „continuirlichen Behambischen Kriegs, sondern auch von Gabriel Wetlehem (Bethlen) als Siebenbürger Gubernatoren großes Geschrei vnd darbei Gefahr vnd Einfall vnd Raub zu besorgen vnd der Zaun außer dem Oberthor gar schlecht, sodann auch auf den obern Basteien die Mauer gar nieder, er daher vermahnt, den Zaun aufzurichten, sowohl auch etliche Schanzkörbe zu setzen, Item auch die Wacht wiederum anzuordnen. Fiat." Die Gemeinde beschließt Pulver anzuschaffen. Dem Comthur und dem Falbenhaupt soll angezeigt werden, damit sie ihre „Geschlösser verwachten" und den Eingang und die Thore verhüten lassen; vornehmlich ist dem Comthur zu verstehen zu geben, daß man ihm das seinige, wenn er vorhabe, es hinwegzuführen, nicht passiren lassen will in Erwägung, dieweilen er sein Einkommen von der Bürgerschaft hat und sich in Friedenszeiten bei uns befunden, es auch billig sei, daß er bei uns in Feindesgeschrei verbleibe. Die Stücklein (Geschütze) sind zu beschlagen.

1620 mußten jene Bürger, welche außerhalb der Stadt wohnen, mit ihren Sachen, es sei Getreide u. dgl., in die Stadt „fliehen", weil sich Bethlen Gabors Volk mit Macht nähert und von ihm nichts anders als Mord und Brand zu befürchten sei. Nebst den Soldaten haben bei jedem Thore Bürger zu wachen wegen „der unbekannten Leut, damit nicht einer einschlüpft, der Ausspäher wäre. Sollte der Feind vor die Stadt kommen, soll das refugium das Schloß Stein (jetziges Tabakfabriksgebäude) sein; die Bürgerschaft soll auch von neuem schwören. Weil der Stadthauptmann Christoph von Wilferstorf sich in diesem Lärmen und Feindes-Geschrei selten sich hier befindet, wir aber das Haupt unter uns haben wollen, sei ihm zu schreiben."

1626 wurde die Bürgerschaft aufgefordert, ihre Wehren in guter Ordnung zu erhalten und Pulver und Blei nicht unnützer Weise zu verschießen. Der „Thorwartl" erhält eine „Muschgetten", damit er im Falle der Noth einen Schuß thun möge. Auf den Basteien hat in der Nacht und Morgens eine Rotte zu wachen, die soll „mit dem Spill aufziehn, Item sollen auch den Püxenmeister Zu aufziehung der Stuckh auff die Pasteyen Leith zuegeben werden, Zur arbeith vnd ainer oder zween, die da Lesen vnd schreiben khännten, damit notirt werden Khan, Was für Zeug vnd Pley dem Püxenmaister Zu Khugelgießen dargeben wierdt." Auch auf dem Kirchthurm hat bei Tag und Nacht einer oder zwei gute Aufsicht zu halten.

Die Bürgerschaft wählte einen Lieutenant und einen Fähnrich, niemand wurde von der Stadt gelassen, niemand ward erlaubt, seine Sachen hinwegzuschaffen. Die Scharwache ist bei der Nacht durch den Rottmeister, die Tagwache durch den Stadtwachtmeister zu verrichten. Wenn der Wachtmeister läßt die Trommel schlagen, sollen die Bürger alsbald mit ihrer Rüstung kommen und sich vor dem Hause des Wachtmeisters aufstellen.

Aehnliche Vorsichtsmaßregeln traf man 1663, 1664, 1670 und 1683.[1]

Im Frühjahre 1670 bemächtigte sich der hiesigen Bürgerschaft wieder eine große Furcht vor den Türken, Ungarn und dem Serin. „Es sei eine große Gefahr, das ain Straif beschehen wird, sey auf die eingehende wochen Ihr absehen," heißt es am 28. März 1670. Ein Bürger meldet, Oberstlieutenant von Selstramb sagte zu ihm: wir würden bald schlechte Zeitung hören; „wann wirs so guet wissen theten, alß wie er, wir Wurden Ihm ein gueten recompens geben, die Vngarn wurden Zue Fürstenfelt sizen vnd beimb Fenster aus= sehen." Der Bürger Georg Manller erzählt am 1. April im Rathe, daß er gestern in Güssing vom Elias Gum= penhuber, Lebzelter in Oedenburg, vernommen habe: „Der Serin thet beimb Mör (Meer) werben vnd Betheme leith genug, er habe alle wissenschaft, was geschlossen vnd gehandlet wurdet, welliches er alzeit dem Türkkischen Kahser avisirte; der Türkh vnd Serin wißten woll, waß der Kahser für volkh hab, er habe niemandts, waß wolt es mit diesen volkh sein? In Krabaten wehre Lantag gehalten worden, vnd er bringe von denen ein Briefl an sein Stattrichter zu Edenburg, daß nit mithalten wurden, wurden außtilgt vnd vertörbt werden. Wenn er woß het, solls zu gelt machen, es wurt vnter vnd über gehen, er warne Ihme alß ein gueten freint, in

---

[1] Siehe meine „Chronik der Stadt Fürstenfeld" in den betreffenden Jahren.

14 Tagen wurdt man wunder sehen. Was hilffts, wan der Kayser gleich Leith hinuntert schikht, ist gleich soviel als auf die Fleisch Pankh, die maisten orth haben schon gehulbigt vnd dem Türkhen soviel Tausend gulden Zum tribut Zugeben versprochen, vnd hetten ein anschlag dessen gemacht, so kheme auf ein ieden man in ein Jahr ½ Taller." Diese Aussage nebst anderen in Erfahrung gebrachten Nachrichten wurden der Kriegsstelle durch „reitende Leith" nach Graz berichtet. Der Statthalter Graf Saurau befahl Kundschafter auszuschicken, die auflaufenden Kosten werden „gestraggs Paar" gutgemacht. Hier war die Nachricht verbreitet, Pettau sei bereits von den Ungarn eingenommen. Mit 2. Mai wurden die Wachen eingezogen, „weil gottlob Friede".

Erfocht die kaiserliche Armee einen Sieg, so veranstaltete man im Einverständnis mit dem Stadtpfarrer folgende Feier: Von jedem Viertel rückten fünf Bürger mit Ober- und Untergewehr aus; man gab die gewöhnliche Salve ab und der Konstabler löste auf den Basteien das grobe Geschütz. Dem Geistlichen, der das Hochamt hielt, gab man eine kleine Tractation und die Rathsherren hielten auf Kosten der Stadt eine „kleine" Mahlzeit.

Ein General wurde wie folgt empfangen: Am 16. Februar 1675 ließ sich durch einen Fourir General de Souches beim angesetzten Stadtrichter auf Mittag ansagen und daß man auch für seine Pferde Fourage schaffen wolle, „welches auf ein tractament angesehen". Rathschlag: Weil er ein großer Herr und General zu Warasdin ist und sich auf Mittag hat ansagen lassen, soll es ihm nicht abgeschlagen sein, sondern er soll beim (Gastwirth) Schaller von einem ehrsamen Magistrat tractirt und sammt seinen Bedienten, auch Pferden, gast- und zehrungsfrei gehalten werden, deswegen man ihm einladen solle. Die Rechnung hiefür machte 16 fl. 4 kr. aus.

Mußte die Stadt einen Rekruten stellen, so nahm man einen tauglichen Unterthan, ausnahmsweise einen übel beleumundeten Bürgerssohn. War hiezu niemand in Güte zu bekommen, so wurde einer mit Gewalt dazu gestellt. Zu Soldaten nahm man nicht Bäcker, „weil das ungewöhnlich sei".

14. Capitel.
Das Verhältnis zu Ungarn.

Obzwar die Fürstenfelder in geschäftlicher Beziehung viel mit Ungarn verkehrten, so war doch das Verhältnis zu den Grenznachbarn zumeist ein recht unerquickliches. Haupturfache gab das gewaltthätige Vorgehen der Grafen Batthyanyi als Besitzer der Herrschaften Güssing und Rudersdorf. Da diese Herren Unterthanen in Rudersdorf, Dobersdorf und Kaltenbrunn hatten, so theilte sich der Unmuth der Herren gegen Fürstenfeld auch jenen mit. Im Jahre 1660 wurde einem Fürstenfelder Bürger von ungarischen (Batthyanyischen) Husaren in Rudersdorf eine Kuh von der Weide gestohlen und in das genannte Dorf getrieben. Als der Bürger seine Kuh zurückbegehrte, sollte er 72 ℔ Fürfang, dann dem Hofrichter einen Thaler, dem Ortsrichter 1 fl., den Husaren und der Dorfgemeinde ihre Gerechtigkeit geben; dann erst würde er die Kuh wieder erhalten. Der Bürger ließ aber sein Rind fahren, weil er es auf diese Weise wieder kaufen müßte, zeigte aber die erlittene Unbill dem Magistrate an. Derselbe beschloß: Der nächste Rudersdorfer, der nach Fürstenfeld kommt, soll in Arrest genommen werden, bis sie dem Bürger die Kuh rückstellen. Es wurde auch der nächstbeste Rudersdorfer in Arrest gesetzt. Die Husaren ließen darauf sagen: wenn sie einen Fürstenfelder ertappen, wollen sie ihn lebendig schinden, sie werden den Fürstenfeldern das ganze Vieh wegtreiben. Darauf beschloß der Rath: Es soll alle Tage ein Viertel Bürger bei der Lafnitz wachen und wenn man einen Husaren antrifft, soll man ihn nur niederschießen. Dieser angenehme Zustand dauerte mehrere Wochen.

Wenn ein Bürger jemandem in Ungarn Geld schuldete und er zahlt nicht, so wurde der nächstbeste Fürstenfelder Bürger in Ungarn „aufgehalten", und er mußte für den Schuldner Bürge werden. Nicht selten kam es vor, daß dem Nichtschuldigen die Pferde ausgespannt oder eine Waare gepfändet ward; auch trat der Fall ein, daß der Nichtschuldige solange in Arrest gesetzt wurde, bis der Schuldner zahlte.

Dies hatte zur Folge, daß auch so die Fürstenfelder handelten. Ein Ungar schuldete einem Bürger 5 fl.; da dieser den Betrag nicht erhalten konnte, nahm er dem Schuldner, als er hieher kam, den Hut weg. Ein Fürstenfelder Kaufmann klagte einen Oedenburger Bürger wegen einer Schuldforderung; weil er aber in Oedenburg keine „Ausrichtung" erhielt, so nahm man hier einen Edelmann aus genannter Stadt, als er hier zufällig mit seinem Zweigespann durchfuhr, gefangen und ließ ihn solange in der Bürgerstube sitzen, bis er jenen Betrag erlegte, welchen der Kläger von dem Oedenburger Geschäftsmanne zu fordern hatte.

Aeußerst feindselig gegen Steiermark traten die ungarischen Grenzbewohner in den Jahren 1704, 1705 und 1706, zur Zeit des Kuruzzenaufstandes, auf. Dieses feindliche Verhältnis gestaltete sich aber später in ein recht friedliches um; es leben schon lange Zeit sowie auch heute die Bewohner Fürstenfelds und die der Umgebung mit den ungarischen Grenznachbarn in bester Eintracht, was beiden Theilen nur zur Ehre und zum eigenen Wohle gereicht. Meine Aufgabe aber war es, wahrheitsgetreu alles zu sagen, wie es im 17. Jahrhunderte in Fürstenfeld und in jener Gegend überhaupt zuging.

Inhalt.

			Seite
1.	Capitel.	Die Aufnahme eines Bürgers	1
2.	„	Die Wahl des Stadtrichters und des Rathes	8
3.	„	Der Magistrat als Verwaltungs- und politische Behörde	17
4.	„	Der Magistrat als Stadtgericht	35
5.	„	Der Magistrat als Landgericht	54
6.	„	Kirche und Schule	65
7.	„	Landwirthschaft	76
8.	„	Handel und Gewerbe	83
9.	„	Das Steuerwesen	97
10.	„	Das Armenwesen	104
11.	„	Das Sanitätswesen	107
12.	„	Das gesellschaftliche Leben, die Kleidertracht, der Aberglaube	116
13.	„	Garnison und Bürgerwehr	128
14.	„	Das Verhältnis zu Ungarn	137

Anmerkung. Die im Texte angeführten Jahreszahlen geben nebst der Zeit auch das Rathsprotokoll an, in welchem der angeführte Beschluß, die Strafe ꝛc. enthalten ist.